中国文化遗产研究院 · 人文社会科学系列 · 2021年

CHINESE ACADEMY OF CULTURAL HERITAGE

U0671584

中国长城

China's Great Wall Protection Report 2017-2018

2017—2018年度 保护发展报告

中国文化遗产研究院 ◆ 编著

文物出版社

图书在版编目（CIP）数据

中国长城 2017 - 2018 年度保护发展报告／中国文化遗
产研究院编著 . -- 北京：文物出版社，2021. 12
ISBN 978 - 7 - 5010 - 7239 - 2

Ⅰ. ①中… Ⅱ. ①中… Ⅲ. ①长城 - 文物保护 - 研究
报告 - 中国 - 2017 - 2018 Ⅳ. ①K928. 77

中国版本图书馆 CIP 数据核字（2021）第 199250 号

中国长城 2017—2018 年度保护发展报告

编　　著：中国文化遗产研究院

责任编辑：宋　丹
责任印制：张道奇
封面设计：程星涛

出版发行：文物出版社
社　　址：北京市东城区东直门内北小街 2 号楼
邮　　编：100007
网　　址：http：//www. wenwu. com
经　　销：新华书店
印　　刷：宝蕾元仁浩（天津）印刷有限公司
开　　本：889mm×1194mm　1/16
印　　张：9. 75
版　　次：2021 年 12 月第 1 版
印　　次：2021 年 12 月第 1 次印刷
书　　号：ISBN 978 - 7 - 5010 - 7239 - 2
定　　价：225. 00 元

前　言

　　中华文明延续着我们国家和民族的精神血脉，既需要薪火相传、代代守护，也需要与时俱进、推陈出新。要加强对中华优秀传统文化的挖掘和阐发，使中华民族最基本的文化基因与当代文化相适应、与现代社会相协调，把跨越时空、超越国界、富有永恒魅力、具有当代价值的文化精神弘扬起来。要推动中华文明创造性转化、创新性发展，激活其生命力，让中华文明同各国人民创造的多彩文明一道，为人类提供正确精神指引。要围绕我国和世界发展面临的重大问题，着力提出能够体现中国立场、中国智慧、中国价值的理念、主张、方案。

——习近平在哲学社会科学工作座谈会上的讲话，2016 年 5 月 17 日 ①

长城遗产是融入中国人民血脉的文化基因

　　跨崇山峻岭，穿戈壁沙漠，长城从最初的防御屏障和边疆标识，到各民族交融互通的廊道要塞，到中华民族浴血奋战保卫祖国的坚固阵地，长城已经成为中华民族的民族符号和精神象征。沧桑的巨龙见证着中华民族千年的风雨沧桑和百年的荣辱复兴。

　　长城已不再仅仅是"具象"的实体，而是早已融入中国人民的精神血脉和文化基因，承载着中华民族的认同感和自豪感，代表着中国悠久历史文化的"根"与"魂"，是中国共产党领导中国人民不断创造"中国道路、中国模式、中国奇迹"的力量源泉。国歌那"把我们的血肉，筑成我们新的长城"，正是中华儿女自心底发出的最强音。

长城共享是跨越时空跨越国界的精神纽带

　　中国目前正处于经济社会结构的转型时期，立足国内国际两个大局，恰恰需要如长城一样的精神

---

　　①　新华网，http：//www.xinhuanet.com/politics/2016-05/18/c_1118891128.htm。

标识，经过创造性转化、创新性发展，承载起全国人民的民族精神、核心价值和思想精华，为中华民族构筑起永恒的精神家园。同时，长城不仅是中华民族悠久历史、思想精髓的凝缩，也是由中华民族与世界文明在相互交流中逐渐演化、共同缔造的结果。长城作为中国与世界对话的"中国标识"，让中国在世界文化激荡中站稳脚跟，长城精神是中华民族海纳百川、形成民族大融合格局的重要思想指引，也是构建世界文明有机系统的重要理念。

长城所具备的历史文化价值和人文价值等已经为世界所认知，长城遗产及其所蕴涵的突出普遍价值，既是中国的宝贵财富，也是世界的珍贵遗产。长城作为贯穿中华民族历史与世界历史的统一文化基石，是中华文明与世界文明对话的桥梁。在世界人类文明的发展中，作为屹立于东方文明的大国，中国有责任以长城文化为精神内核，积极与世界多元文化进行沟通和交流。

长城发展是促进历史与当代融合的独特动力

长城文化是中华民族优秀传统文化的代表，其中所蕴含的爱国主义、自强不息、团结统一等民族精神以及天人合一、世界大同等世界精神，都为我们建设现代化国家提供强大的精神力量、丰润的道德滋养。

长城保护、共享和发展深刻寓于经济建设、政治建设、文化建设、社会建设、生态文明建设"五位一体"总体布局之中，能够为践行"创新、协调、绿色、开放、共享"五大发展理念做出独特贡献。长城是中华民族悠久历史文化的杰出代表和凝结，长城是人类建造与自然环境的有机统一，长城是"一带一路"、扶贫攻坚、文化和旅游融合等国家战略的特色资源，长城在治国理政、社会参与中可以通过塑造长城价值，弘扬长城精神，丰富社会主义核心价值观的生命力、凝聚力、感召力。

长城保护是需要贡献中国智慧的重大问题

长城的价值重大，影响深远，长城超大遗产的保护管理困难与挑战艰巨复杂，是世界性难题。长城是超大型文化遗产，分布范围广、构成要素多，历史和当代社会环境和影响极为复杂。长城是综合性防御体系，墙体（包括壕堑）长度超过 2 万公里，烽火台、敌台等单体建筑超过 3 万处，关和堡超过 2 千座，分布于 15 个省（直辖市、自治区）404 个县（区市），且多数位于山地、河谷、荒漠、草原等地质条件严酷的地方，增加了保护难度，管理、维修难度大、成本高。加之长城沿线多为经济欠发达地区，社会经济发展和民生发送需求紧迫，各种基础设施建设、工农业发展与长城保护矛盾尖锐。

此外，保存状况与利用潜力并不均衡。朝代更迭、国力兴衰，多数长城很快丧失功能而被废弃。长城多为土质或砖石结构，历经大自然数百上千年的侵蚀，尤其是地震、泥石流、洪水等自然灾害极易对脆弱的长城本体造成直接破坏。保存至今的历代长城，基本处于郊野开放状态，呈现出以遗址为主的整体面貌，仅存少量较为完整的地面建筑。这是长城的历史形态，也是客观形态，长城不可能进行全线修复或复原，也不宜全面开放进行参观游览。这是长城不同于大部分文物之处，也为保护管理带来了巨大难度。

长城整体保护的意义和使命，无比荣光。对应挑战，中国各级政府和社会各界已经进行了大量有益探索。在开启新征程的新时代，长城作为中华文明精神象征的举世瞩目遗产，应更加重视长城保护议题在学术研究、技术攻关、区域协同和全民共享等方面的重大国家战略意义和联合行动现实需求，加强长城工作体制改革创新顶层设计，完善长城整体保护政策框架，为国家发展、"实现中华民族伟大复兴的中国梦作出更大贡献"，为世界遗产保护贡献中国智慧、中国方案。

《长城保护发展报告》努力向公众呈上一份小小的答卷，希望年年相约……

《长城保护发展报告 2017—2018》是中国文化遗产研究院首次以年报形式呈献的全景式长城综合性、研究性工作报告。

这是一部继往开来、承上启下的报告。2016 年，我们已经编著出版阶段性总结报告——《爱我中华，护我长城：长城保护 2006—2016》（文物出版社，2017 年）（以下简称《十年报告》），那是受国家文物局的委托，回顾和总结国家"长城保护工程"成功经验和《长城保护条例》实施十周年情况。此后，长城保护工作继续深入开展，日益深入人心。我们有了编制长城保护年度报告的信心。为接续反映近年来的进展，向全社会展现这些年长城保护工作所获得的丰硕成果，中国文化遗产研究院决定编纂出版"中国长城保护发展年度报告"。为延续记录长城保护工作历程，本报告时间包括 2017—2018 年，与上部阶段性报告的时间相衔接。此后，我们希望争取以每年一部的形式发布报告。

这是一部褒扬成绩、正视问题的报告。2016 年国家文物局首次发布官方《中国长城保护报告》，以及中国文化遗产研究院编写出版的《十年报告》及本报告，均体现出文物工作理念的转变，由过去的埋头于专业工作，更加注重工作的问绩问效，注重向社会公众报告和沟通工作成果。与官方报告不同，我们的报告在尽量客观全面梳理长城保护管理工作的基础上，会提出我们作为科研机构的专业观点，既包括对于实践经验成绩和创新的褒扬，以及问题和不足的剖析，以期对今后工作有所促动。

这是一部板块、数据和案例结合的报告。报告内容涉及长城保护和发展的各个方面，分为长城研究、管理体制、维修保护、开放利用和社会参与等几大板块。报告内容的资料来自三大渠道，一是以国家文物局和各地文物部门为主的政府渠道，二是我们平时执行科研任务、开展专业调研过程中积累的资料，三是长城保护联盟成员、合作伙伴提供的材料及媒体和舆情渠道。在以上资料基础上，我们尽量以数据形式展现 2017—2018 年长城保护成绩，并与之前几年进行对比分析。报告中不只有冰冷的数字，还包含大量具体案例，呈现长城沿线政府、专业人员和社会力量做出的一件件实事。通过这个报告，我们希望长城不仅仅是宏大叙事的精神象征，更是可感、可及、有温度的家乡和热土。

　　我们十分清楚，社会方方面面在为长城遗产的保护和发展做着努力，这个报告无法全面记录这些贡献和成绩。我们之所以决定编写年度报告，是希望推出这个平台，吸引更多方面参与进来，加强和丰富各种形式的交流，更及时、更广泛地宣传推介长城保护经验，讲好长城故事。

　　希望与各方共同努力，不断续写长城保护更精彩篇章……

长城保护发展报告 2017 - 2018 年

近年来，各级政府对长城保护工作的重视明显提升，社会效应不断彰显，为长城保护发展开辟良好局面。习近平总书记高度重视长城保护工作，多次作出重要指示批示。2016 年，国家文物局组织开展长城执法专项督察，重点督察长城沿线省级人民政府和文物行政部门履行长城保护法定职责情况，极大促进各级政府对长城保护的重视。同年，《长城保护条例》实施十周年之际，国家文物局首次向社会发布《中国长城保护报告》。中国文物保护基金会与腾讯公益慈善基金会合作发起国内首个长城本体保护维修的全民公募项目，同时开展一系列以长城文化传播为主题的活动，通过互联网为社会参与长城保护赋能，为长城文化传播赋能。

进入 2017 年后，长城保护管理工作在国家改革创新环境的变革中迎来一系列重大政策推动。2017 年党的十九大召开，两办发布《国家"十三五"时期文化发展改革规划纲要》，国家文物局发布《国家文物事业发展"十三五"规划》，均将长城保护作为重点工作。长城也步入作为世界文化遗产的而立之年，作为人类文明的典型之作，受到国际的关注也愈发强烈。2018 年中共中央办公厅和国务院办公厅印发《关于加强文物保护利用改革的若干意见》，面对新时代新任务提出的新要求，针对文物保护利用工作中存在的问题，提出深化体制机制改革的总体要求和主体任务。在国务院政府机构改革中，文化部和国家旅游局合并成立文化和旅游部，各地政府机构改革相继开展，对文物工作产生重大影响。

目 录

第一章　长城考古与价值研究

2017－2018 年，在前期长城资源调查成果基础上，结合全面开展的长城保护维修和宣传推广工作，长城价值研究持续推进。来自考古学、历史学、建筑学、文物保护、管理等领域的交叉学科研究越来越多，明长城研究成果丰硕，秦汉及其他时代长城研究也取得较为重要的成果，长城保护管理研究逐渐受到研究者重视。一方面长城研究系列论著涌现，推动了长城研究进展，另一方面长城文化科普宣传书籍丛书出版，研究者既关注长城研究，也关注长城文化的普及与宣传。

第一节　配合长城保护工程的考古工作开始受到重视

据初步统计，2017－2018 年全国共开展 4 项与长城相关考古发掘项目，分别为北京延庆长城岔道城北侧 1－6 号烽火台及边墙考古发掘、内蒙古巴彦淖尔市磴口县鸡鹿塞障城城门遗址考古发掘、河北大城县旺村镇津石高速公路东段燕南长城遗址考古发掘、宁夏固原市西南郊吴庄段长城遗址考古发掘项目。其中前二项为配合长城保护工程所开展的考古发掘项目，后二项为配合基本建设工程所开展的考古发掘项目（表 1－1）。

表 1－1　2017－2018 年开展考古发掘项目一览表

序号	所属省市	项目名称	发掘单位	项目性质	遗迹年代	发掘面积	发掘时间
1	北京	延庆长城岔道城北侧 1－6 号烽火台及边墙	北京市文物研究所	配合文物保护修缮	明代	720	2018
2	内蒙古	鸡鹿塞障城城门	内蒙古文物考古研究所	配合文物保护修缮	西汉	50	2018
3	河北	燕南长城遗址	河北省文物研究所	配合基建	战国	240	2018
4	宁夏	"长城壕"	宁夏文物考古研究所	配合基建	北宋	240	2018

　　为配合延庆长城岔道城北侧 1－6 号烽火台及边墙抢险加固工程项目实施，2018 年，北京市文物研究所对延庆长城岔道城 1－6 号烽火台及边墙遗址进行了考古勘探和发掘工作，[①] 勘探面积 2650 平方米，发掘面积 720 平方米。6 座烽火台（编号 D1－D6）以岔道城为中心，分为南北两个片区。北片区共有 5 座烽火台（D1－D5），其中 1 号和 2 号骑墙修建在北翼墙上，D3、D4、D5 烽火台位于岔道城北墙外（北）侧的山坡上。南片区共有 1 座烽火台，编号为 D6 烽火台（图 1－1），位于岔道城南翼墙制高点，骑墙而建。通过发掘，清理出基本完整的烽火台结构，形制基本一致，大多为自然基础上就地取材，以当地的沙状黄土夹杂碎石夯筑而成，实心结构，平面略呈矩形，整个烽火台从基部向上有明显的收分，从外侧表面看墙体呈上窄下宽的梯形。从现有的夯土观察，系采用夯土版筑而成，夯土层的厚度由于土质粘合度的不同而表现一定的差异，一般夯土层厚度为 0.10－0.25 米。其中 D1 和 D6 烽火台尚存部分包砖、包石的遗迹。本次考古勘探、发掘工作，完整展现了岔道城防御体系，丰富了对岔道城防御体系的认知。本次发掘摸清了烽火台建筑工艺、建筑结构等信息，为保护工作提供科学的依据，也为烽火台研究提供了重要考古资料。

图 1－1　延庆岔道城长城 6 号烽火台遗址考古发掘鸟瞰
（北京市文物研究所供图）

　　为配合鸡鹿塞保护修缮工程，2018 年，内蒙古自治区文物考古研究所对鸡鹿塞障城城门进行了考古发掘，发掘面积约 50 平方米。[②] 主城门平面呈长方形，门道南北通长 8.5 米，北口宽 2.6 米，南口宽 2.8 米。靠门道两侧墙壁各有 13 个柱槽，共计 26 个；门道两侧墙壁由花岗岩层层垒砌，剖面呈上窄下宽的梯形，残高约 4 米。距门道踩踏面高约 2.3 米处的墙壁上各保留有纵向方形墙槽，应是立柱顶部横木槽。横木槽上方有垂直插入墙壁内的横梁残木。又在门道中部东侧墙壁上保留有一个木制门栓，推测城门门扇位于城门正中。瓮城门设于东墙偏北处，门道东西通长 8.6 米，东口宽 2.3 米、西口宽 2.4 米。木柱斜向竖立于门道两侧墙壁内设好的柱槽内，再用草拌泥将柱槽口封闭，此

---

① 北京市文物研究所提供资料，内容以正式发表的考古简报、报告为准。
② 内蒙古自治区文物考古研究所提供资料，内容以正式发表的考古简报、报告为准。

类暗柱共计 26 根，门道两侧墙壁内各设 13 根。暗柱顶部保留有横木、横梁的木炭痕迹。本次发掘初步摸清了鸡鹿塞障城城门的形制与结构，为研究汉代西北边塞长城沿线障城的形制，提供了重要的考古材料。

为配合津石高速公路工程施工，2018 年，河北省文物研究所等单位，对工程用地范围内的东段燕南长城遗址进行了考古发掘。① 本次发掘采用探沟法，探沟编号 2018DLG1，方向 350°，探沟长 40 米，宽 6 米，发掘面积 240 平方米。此次发掘所揭露的墙体仅存底部，剖面呈梯形，顶部残宽约 9.2 米，底宽 15.45 米，残高约 0.95 米，分 8 层夯筑而成。墙体未发现开基槽现象。通过发掘，推测城墙的修筑顺序，先平整并夯实浅黄色淤沙土，然后分层夯红褐胶泥作为基础，其上用夹板夯筑城墙。此次发掘摸清了城墙的基本数据和建造方法。发掘者根据出土遗物初步推断城墙建筑年代为战国晚期。

为配合宁夏西海固地区脱贫引水工程项目施工，2018 年，宁夏文物考古研究所对固原市西南郊吴庄段长城进行了考古调查、勘探与发掘工作。② 调查发现该区域地表大致呈东西走向并行分布有两道长城墙体，间距约 50 米，南（内）侧为宋长城，基宽约 8 米，北（外）侧为战国秦长城，基宽约 10 米。宋长城墙基外侧壕沟（G3）规模宏大，沟壁较直，沟宽 19.5 米、深 3.0 米。沟底有倒塌夯土堆积及淤土堆积，沟内填土中出土大量秦汉绳纹筒板瓦及宋代陶、瓷残片及素面瓦片等遗物。本次发掘摸清了宋长城墙基外侧壕沟（G3）的结构和基本数据，根据出土遗物及地层关系将遗迹定为北宋时期。发掘者根据据《宋史》的相关记载，推测 G3 为北宋大中祥符四年（1011 年）曹玮任镇戎军（今固原古城）知州时，为防御西夏所挖"长城壕"遗迹。

与十年前（2006 - 2016 年）的考古工作相比，2017 - 2018 年的考古工作主要有以下特点：

第一，考古发掘项目以配合文物修缮项目及配合基建工程为主，无配合保护规划而开展的发掘工作。2006 - 2016 年，长城的考古工作以考古调查为主，但已开始出现配合长城保护修缮的考古发掘项目。2017 年 2 月，国家文物局印发《国家文物事业发展"十三五"规划》，提出提升考古在文物保护中的基础性地位和作用。在本《规划》指导下，2017 - 2018 年，配合长城保护修缮开展的考古工作逐渐受到重视。第二，十年前开展的考古项目以考古调查为主。2006 年国家文物局主导的长城调查工作已于 2012 年结束田野调查。2017 - 2018 年的考古工作则以考古发掘为主。第三，考古发掘与文物保护并重。开展的考古发掘工作，既重视考古发掘过程研究资料的获取，也重视发掘结束之后遗址的保护工作。

---

① 河北省文物研究所、廊坊市文物管理处、大城县文物管理所：《廊坊大城县燕南长城 2018 年发掘简报》，《文物春秋》2019 年第 3 期。
② 王仁芳：《固原市郊考古发掘确认宋代"长城壕"遗迹》，《西夏研究》2019 年第 2 期。

第二节　长城遗产研究持续展开

2017–2018 年，随着长城考古调查工作的结束、考古调查报告的陆续出版以及考古发掘工作的开展，长城研究工作取得了较为丰硕的研究成果。除中国文化遗产研究院、各省文博单位及高校长城研究课题组继续发挥重要作用外，内蒙古长城保护中心、长城保护联盟相继成立，在一定程度上推动了长城研究的发展。在高校、科研院所研究人员的共同努力下，长城研究工作取得了较重要的进展，共出版调查报告 5 部、研究论著 7 部，长城文化科普宣传书籍 7 部、发表各类研究论文 151 篇，在学术界产生了重要影响。

2006–2012 年，按照国家文物局制定统一的调查规范，长城沿线各省市开展了全面、系统的长城调查工作。到 2016 年底，已陆续出版长城资源调查报告 13 部。2017–2018 年，长城沿线各省市继续投入力量对长城资源调查资料进行整理，两年内陆续出版《辽宁省燕秦汉长城资源调查报告》、《齐长城资源调查工作报告》、《明蓟镇长城石刻》、《宁夏明代长城·河东长城调查报告》、《内蒙古自治区长城资源调查报告（战国赵北长城卷）》等 5 部长城资源调查报告。截至 2018 年底，全国共出版长城资源调查报告 18 部，为长城价值阐释和保护管理利用深入研究奠定了坚实的基础（附件 1）。

2017 年，由中国文化遗产研究院编写的《爱我中华，护我长城——中国长城保护 2006–2016》[①]出版。该书也是第一部聚焦长城保护工作的应用性研究著作，以国家文物局组织开展的"长城保护工程（2005–2014）"十年评估工作[②]为基础，通过梳理长城修建史、长城保护研究史、国家长城资源调查与认定、十年间的长城保护法律法规体系、长城的世界遗产监测管理与保护维修项目、长城保护应用性研究、展示利用与社会力量参与情况，并补充 2015 年、2016 年长城保护管理业务数据，对 2006 年以来的中国长城保护管理状况进行全景展示。以详细、全面的第一手资料、直观的数据和尽可能平实、通俗的语言向公众介绍了长城保护的基本原则，展示了十年来中国政府和全社会对长城保护工作的大力投入，以及所取得的令人印象深刻的成就。同时也客观地反映了长城保护工作面临的困难和问题、挑战与机遇，深入分析了问题背后的原因，并提出了有针对性的建议，为"十三五"期间长城保护工作的进一步开展，提供了重要参考。此外，该书也具有一定的国际视野，书中介绍了海外长城研究情况，并以中英双语出版，这些特点在长城研究领域都具有开创性。

天津大学建筑学院自 2003 年以来长期对长城及相关聚落进行调查与研究，相关阶段性成果集中体

---

① 中国文化遗产研究院编：《爱我中华护我长城：长城保护（2006—2016）》文物出版社，2017 年。

② 2014 年，国家文物局发出《关于开展长城保护工程总结验收工作的通知》（文物保函〔2005〕496 号），并委托中国文化遗产研究院承担"长城保护工程"总结验收与评估工作，完成《"长城保护工程（2005—2014 年）"总结评估报告》，2016 年，内部资料。

现为张玉坤主编的长城·聚落系列丛书，该丛书已经陆续出版 6 部，为近年来长城研究领域所取得的最重要学术成果之一，也是 2017 – 2018 年长城研究的一大亮点（表 1 – 2）。李严、张玉坤、解丹著《明长城九边重镇防御体系与军事聚落》以长城军事聚落的整体作为研究对象，从宏观至微观探讨明长城九边重镇军事聚落及防御体系的起源与发展、军事防御体系的构成、军事聚落的时间分布、层次体系、空间特征、内部结构与构成要素等方面内容，对长城军事聚落发生、发展的历史演变脉络、时空分布规律、聚落形态等内容进行了全面考察，通过绘制长城全线军事聚落分布图，对长城军事聚落各阶段的空间分布规律进行纵向比较，并对九边重镇的空间分布特征进行了横向比较，揭示军事聚落的层级体系与聚落规模的内在关系，视角独特，成绩斐然。[①] 魏琰琰、张玉坤、王琳峰著《明长城辽东镇防御体系与军事聚落》对辽东、辽东镇、聚落体系的相关概念进行溯源并研究界定，系统地分析了明辽东镇军事聚落体系历史发展和变迁的阶段和影响因素，通过对时代和制度的因素分析，从历史角度去把握明辽东镇军事聚落体系的空间分布及其演化特征。论著着重对明辽东镇的地缘政治格局、军政管理体系、军事聚落防御体系、军事聚落的时空分布、军事聚落的空间秩序进行了深入探讨。[②] 王琳峰、张玉坤、魏琰琰著《明长城蓟镇防御体系与军事聚落》主要侧重于历史背景下的明长城蓟镇防御体系与军事聚落形态分布研究，重点探讨了蓟镇及其聚落发展脉络、长城蓟镇防御体系、蓟镇军事聚落特征，通过建立蓟镇军事聚落空间数据库，结合 GIS 空间分析技术，对蓟镇聚落演变过程、景观环境、分布规律以及长城与聚落缓冲区进行分析。[③] 杨申茂、张玉坤、张萍著《明长城宣府镇防御体系与军事聚落》对明宣府镇长城军事聚落历史发展脉络、明宣府镇长城军事聚落的层次体系、明宣府镇长城九边驿传和仓储的体系结构、明宣府镇长城军事聚落演变成为近代城镇的原因等问题进行了深入探讨。[④] 刘建军、张玉坤、谭立峰著《明长城甘肃镇防御体系与军事聚落》对甘肃镇建制过程、军事地位、镇城演变、防守范围演变等问题进行了梳理，运用系统论的方法对明长城甘肃镇军事防御体系外部环境、构成要素、军事制度与聚落层级、整体结构进行研究。通过 GIS 技术对甘肃镇长城防御体系各构成要素与外部环境展开论述，对长城墙体与环境的关系、各层次军事聚落与外部环境的关系、驿传系统以及烽传系统与外部环境的关系进行探讨。论著引入了可达域概念，对长城防御体系构成要素之中军堡、驿站、烽燧、敌台的空间布局进行分析。[⑤] 谭立峰、刘建军、倪晶著《河北传统防御性聚落》对河北地区与长城相关的防御性聚落的空间布局、产生与演变规律、形态特征进行研究。论著系统地梳理了防御性聚落的历史沿革，并对河北防御性聚落产生、发展的整体环境进行分析。以明代军堡为例，对河北防御性聚落形态进行分析。以蔚县村堡为例，对河北防御性聚落表现模式进行

---

① 李严、张玉坤、解丹著：《明长城九边重镇防御体系与军事聚落》中国建筑工业出版社，2018 年。
② 魏琰琰、张玉坤、王琳峰著：《明长城辽东镇防御体系与军事聚落》中国建筑工业出版社，2018 年。
③ 王琳峰、张玉坤、魏琰琰著：《明长城蓟镇防御体系与军事聚落》中国建筑工业出版社，2018 年。
④ 杨申茂、张玉坤、张萍著：《明长城宣府镇防御体系与军事聚落》中国建筑工业出版社，2018 年。
⑤ 刘建军、张玉坤、谭立峰著：《明长城甘肃镇防御体系与军事聚落》中国建筑工业出版社，2018 年。

了分析。[①]

表 1-2 2017-2018 年出版长城·聚落丛书简表

序号	书名	主编	作者	出版社	出版时间
1	《明长城九边重镇与军事聚落》	张玉坤	李严、张玉坤、解丹	中国建筑工业出版社	2018
2	《明长城辽东镇防御体系与军事聚落》	张玉坤	魏琰琰、张玉坤、王琳峰	中国建筑工业出版社	2018
3	《明长城蓟镇防御体系与军事聚落》	张玉坤	王琳峰、张玉坤、魏琰琰	中国建筑工业出版社	2018
4	《明长城宣府镇防御体系与军事聚落》	张玉坤	杨申茂、张玉坤、张萍	中国建筑工业出版社	2018
5	《明长城甘肃镇防御体系与军事聚落》	张玉坤	刘建军、张玉坤、谭立峰	中国建筑工业出版社	2018
6	《河北传统防御性聚落》	张玉坤	谭立峰、刘建军、倪晶	中国建筑工业出版社	2018

2018 年，北京长城文化带丛书《长城踞北》出版。北京长城从东到西横跨平谷、密云、怀柔、延庆、昌平、门头沟 6 区，是万里长城精华。2017 年 9 月，中共北京市委、北京市人民政府发布《北京城市总体规划（2016-2035 年）》，《规划》提出"四个层次、两大重点区域、三条文化带、九个方面"，北京长城文化带是《规划》中三个文化带之一，也是北京市建设全国文化中心的重要内容，更是北京历史文化整体价值的重要载体。为进一步宣传、研究长城文化带，挖掘长城文化带内涵，北京市政协教文卫体委员会联合相关 6 区政协与北京国际城市发展研究院，共同编辑出版"北京长城文化带丛书"。《长城踞北》北京长城文化带丛书，就是北京市建设长城文化带以来的阶段性成果。丛书共分七册，一册综合卷和六册区域卷，图文并茂，全彩印刷。综合卷强调综合性，对长城文化带进行整体性研究。区域卷以区为单位，分为"龙脊沧桑"、"怀古揽胜"、"妙笔今传"、"边塞烟云"、"雄关漫道"等五部分，展现各区长城文化及长城保护利用等方面内容。该丛书是我国首套关于北京长城文化带的丛书，填补了目前北京长城文化带研究、宣传和推广的空白（表 1-3）。

表 1-3 2017-2018 年出版北京长城文化带丛书简表

序号	书名	作者	出版社	出版时间
1	《长城踞北（综合卷）》	北京市政协教文卫体委员会、北京国际城市发展研究院	北京出版社	2018
2	《长城踞北（平谷卷）》	北京市政协教文卫体委员会、北京国际城市发展研究院、北京市平谷区政协	北京出版社	2018
3	《长城踞北（密云卷）》	北京市政协教文卫体委员会、北京国际城市发展研究院、北京市密云区政协	北京出版社	2018
4	《长城踞北（怀柔卷）》	北京市政协教文卫体委员会、北京国际城市发展研究院、北京市怀柔区政协	北京出版社	2018

① 谭立峰、刘建军、倪晶著：《河北传统防御性聚落》中国建筑工业出版社，2018 年。

序号	书名	作者	出版社	出版时间
5	《长城踞北（延庆卷）》	北京市政协教文卫体委员会、北京国际城市发展研究院、北京市延庆区政协	北京出版社	2018
6	《长城踞北（昌平卷）》	北京市政协教文卫体委员会、北京国际城市发展研究院、北京市昌平区政协	北京出版社	2018
7	《长城踞北（门头沟卷）》	北京市政协教文卫体委员会、北京国际城市发展研究院、北京市门头沟区政协	北京出版社	2018

为全面了解长城相关研究成果，我们通过中国知网对发表的长城相关论文进行了查询统计。为了实现统计数据的可比性，我们采用了与《爱我中华，护我长城：2006 - 2016》相同的分类标准与检索方法。为便于分析近年来的变化趋势，统计数起于 2015 年初，止于 2018 年底。为进一步加强统计的可靠性，我们对查询结果进行了详细核实，确保内容与长城遗产研究相关。根据中国知网统计结果整理，从整体趋势来看，相关研究成果除 2017 年有所下降外，近 4 年的长城研究在持续增长。

表 1 - 4　2015 - 2018 年长城研究论文统计表

年份 ＼ 类别	开发利用类	保护管理类	历史文化类	合计
2015 年	11	17	36	64
2016 年	3	21	42	66
2017 年	9	15	26	50
2018 年	12	29	60	101
合计	21	44	86	151

备注：开发利用类论文的检索关键词为：长城＋旅游、长城＋开发、长城＋利用；保护管理类论文检索关键词为：长城＋保护、长城＋管理、长城＋政策、长城＋法规、长城＋法律、长城＋应用、长城＋监测；历史文化类论文的检索关键词为：长城＋关、长城＋堡、烽火台、烽燧、长城＋遗址、长城＋考古、长城＋文化、长城＋历史、长城＋调查、长城＋地理。

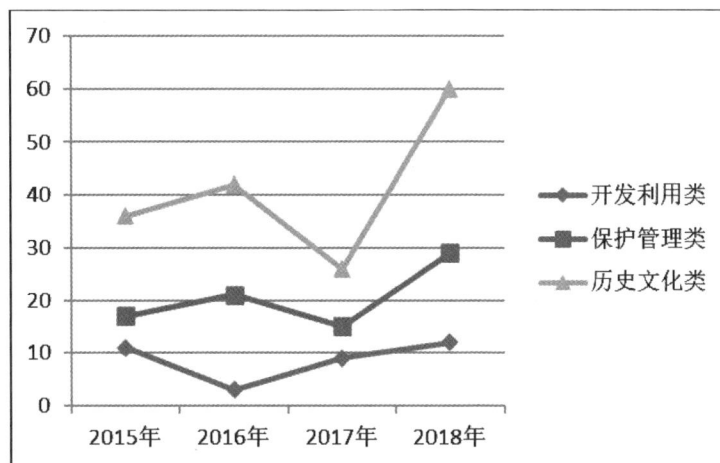

图 1 - 2　2015 - 2018 年中国知网长城研究文献分类折线统计图

2017－2018 年正式发表的长城论文共计 151 篇（表 1－5）。其中开发利用类论文共计 21 篇，占论文总数的 13.9%；保护管理类论文共计 44 篇，占论文总数的 29.1%；历史文化类论文共计 86 篇，占论文总数 57%。2017 年共发表长城研究论文 50 篇，其中开发利用类论文 9 篇，占当年发表论文数 18%，保护管理类论文 15 篇，占当年发表论文数 30%，历史文化类论文 26 篇，占当年发表论文数 52%。2018 年共发表长城研究论文 101 篇，其中开发利用类论文 12 篇，占当年发表论文数 11.9%，保护管理类论文 29 篇，占当年发表论文数 28.7%，历史文化类论文 60 篇，占当年发表论文数 59.4%。从论文各类所占比例分析，历史文化类论文占论文总数的一半以上，其次为保护管理类的论文，开发利用类论文所占比例最（图 1－2）少。论文的分布特点与 2016－2017 年论文分布特点基本相同。

2017－2018 年，以长城作为选题的研究生毕业论文共计 13 篇，均为硕士毕业论文。其中 12 篇为 2017 年度毕业论文，1 篇为 2018 年度毕业论文。其中开发利用类 1 篇，保护管理类 7 篇，历史文化类 4 篇。从论文的分布分析，高校内已经开始重视长城的保护管理研究。

通过对长城研究成果进行梳理，2017－2018 年度长城研究可总结以下特点：第一、长城研究系列论著涌现，推动了长城研究进展。第二，长城文化科普宣传书籍丛书出版，研究者既关注长城研究，也关注长城文化的普及与宣传。第三，多学科交叉研究，研究者来源于考古学、历史学、建筑学、文物保护等领域，研究成果丰富多彩。第四，明长城研究成果丰硕，秦汉及其他时代长城研究也取得较为重要的成果。第五，长城保护管理研究逐渐受到研究者重视。

第三节　考古研究成为突出短板　亟待实施考古长城重大学术战略

2017－2018 年，在国家文物局和各省区市文物行政主管部门的推动下，长城调查报告的出版工作持续推进。在各省（自治区、直辖市）科研机构及大专院校的努力下，长城研究工作取得了较为显著的成绩，特别是成系列的研究专著开始涌现。

通过对近年长城考古与研究工作进展情况的分析，一些长期存在的问题也暴露出来。长城作为以遗址为主要形态的特点刚刚引起重视，《长城保护总体规划》指出"长城是古建筑与古遗址两种遗存形态并存、以古遗址遗存形态为主的文化遗产"。据初步统计，明以前早期时代长城占长城资源调查认定 45%，明代长城中保存一般、较差、差和地面不见的点段占明代长城近 90%。科学开展长城考古研究对深入挖掘、阐释长城价值以及传承、弘扬长城精神具有重要意义。但相关考古研究工作尚处于滞后状态，主要表现在以下几个方面：

第一，长城的考古工作以配合修缮工程和配合基本建设工程为主，主动性考古发掘项目数量较少。虽然近年来配合基本建设考古工作条件得到较大的改善，但由于工期紧，课题意识弱等情况仍然存在，在一定程度上影响了长城考古工作质量。而关于长城的主动性考古发掘，近年来经国家文物局批复并实施的项目总计不过寥寥数项，长城主动性考古发掘工作项目明显过少，导致的直接后果是长城考古研究的基础极其薄弱，与长城在中华文明史和中华传统文化发展史上的地位极不匹配。

第二，配合长城保护维修工程开展的考古项目数量有限，且实施不规范。长期以来，受长城性质认知、保护理念、经费以及工作程序的限制，大量长城保护工程实施前并未开展考古工作，不仅造成大批珍贵的长城原始信息遗失，也对长城保护工程的科学性造成一定影响。近几年来，随着长城保护与研究理念的进步，部分长城点段在保护工程实施前开展了考古发掘工作，获取了珍贵的第一手研究资料，在一定程度上推动长城研究的深入，也为长城保护工程提供了依据。在取得一定成效的同时，配合长城修缮工程考古工作也暴露出一些问题，一是受到现行文物维修工程程序限制，多因缺乏考古经费预算而在项目立项、勘察和设计阶段无法开展考古工作，影响维修方案的科学性；二是在施工阶段受长城保护工程工期的影响，部分项目的考古工作无法按规范要求开展，未能取得预期的效果；三是部分项目的考古工作实施主体为不具备考古发掘资质的单位，专业性与科学性难以保障。

第三，长城考古发掘资料整理不及时，发表滞后，保存分散。考古发掘资料分散在各地各个不同考古机构、设计施工机构，又很少能够及时发表考古简报或考古报告，使长城考古资料和考古成果难以查询、汇总、整合和分析研究，严重制约了对长城整体价值的认知、保护与传播。

第四，长城考古研究缺乏顶层设计和系统规划，缺乏专门研究机构和学术刊物，长城研究缺乏学术吸引力和影响力。长城体系的研究涉及跨区域、跨时代、跨学科领域的系统性、完整性重大学术问题，涉及关键点段和要素的位置、走向、结构、时代、性质的细化研究和关联研究，属于跨学科重要学术领域和学术方向，亟需顶层设计与系统规划对学术资源加以引导和集中，开展长期、持续、多团队参与的研究，才能取得突破性的、具有国际水平的研究成果，彰显长城蕴涵的中国价值、中国精神、中国符号。长城考古研究也缺乏专门研究机构支持研究团队的建设，缺乏专门学术刊物支持长城相关研究成果的发表，长城研究学术传统和学术氛围难成气象，与长城作为中华文明象征的地位严重不符。

长城考古研究是长城保护、传承和发展的最基础、最核心工作，已经成为制约新时代长城保护管理跨上新台阶的瓶颈问题和突出短板。对此建议采取以下具有针对性的措施：

一是推动实施考古长城重大研究战略，贯彻落实《长城保护总体规划》考古工作部署。一方面在"考古中国"[①] 工程中，在国家层面组织实施"考古长城"重大研究工程，加强主动性、系统性长城考古工作。另一方面，长城沿线各省、区、市的相关文物部门应按照《长城保护总体规划》第61条要求，尽快制定科学的长城考古工作计划，并按照计划开展考古研究工作。

二是完善长城保护维修工程流程，将考古工作纳入全流程管理：

---

① "考古中国"项目是"十三五"期间国家文物局提出的重大研究工程，通过对古文化遗址有重点地进行系统考古发掘，不断加深对中华文明悠久历史和宝贵价值的认识，提升考古在文物保护中的基础性地位和作用。见国家文物局，国家文物事业发展"十三五"规划，2017年。

1. 建议在长城保护维修立项阶段，由具备资质的考古发掘单位对保护工程实施对象进行踏勘，并出具书面意见。鉴于长城保护工程种类较多，部分工程在实施过程中可能无需考古钻探或考古发掘工作，可由设计单位邀请具有资质的考古发掘单位在工程立项前对保护工程实施对象进行踏勘，根据踏勘的实际情况提出书面意见，以确定是否需要开展进一步考古工作。文物行政主管部门应将考古发掘单位出具的考古意见作为审批的重要参考资料。

2. 建议将考古经费列入长城保护工程预算。在长城保护工程实施前根据实际情况开展必要的考古调查、考古发掘工作，不仅能获取重要的第一手资料，推动长城研究，而且还能为长城保护工程提供重要的参考资料。长期以来，长城保护工程项目预算中并无考古预算，以致考古工作缺乏经费支持而无法开展，建议根据实际需要将此项经费列入长城保护工程预算。

3. 鉴于考古发掘为严谨的科学研究工作，需要一定工作周期，建议长城保护工程项目为考古工作预留充足工作时间，以保证考古工作质量。

4. 明确将相关考古资料列入长城保护维修工程项目竣工验收资料的管理要求。

三是建议加强对配合基建长城考古项目和长城维修工程中考古发掘工作的检查评估工作，以保证长城考古工作质量。

四是加强长城考古资料的整理汇总和研究成果发表，各省（自治区、直辖市）文物行政主管部门应督促发掘单位加快长城考古发掘资料的整理工作，及时发表考古简报、报告。尽快创办长城研究领域专门学术刊物，作为长城研究成果刊载的重要平台，按照实际需要定期或不定期出版，加速优秀长城研究成果的发表与面世，扩大长城研究在学术界的影响。

第二章　长城管理体制与法治建设

各级政府历来对长城保护工作高度重视，2017－2018 年更加注重长城依法行政基础工作的制度化、精细化，完成《长城保护总体规划》编制工作，出台多项地方法规和政策性文件，长城执法巡查与督察初显成效，结合长城沿线各地实际情况不断创新探索有效工作机制，夯实基础工作。在机构能力建设方面，文物部门努力加强人员队伍培训、长城保护员队伍建设和经费保障。但与此同时，各地长城基层保护管理机构亟待加强，应引起关注。

第一节　持续夯实长城保护管理基础工作

一、多地公布长城文物保护单位

长城文物保护单位的公布是长城依法保护的基础。长城文物保护单位情况特殊而复杂，一直是近年长城保护管理工作的重点内容之一。随着各地加强长城保护管理的基础工作，特别是通过 2016 年和 2017 年长城执法专项督察[1]的重点考核，公布长城文物保护单位工作受到进一步重视。根据各地文物行政部门官方网站数据，2017－2018 年，辽宁、陕西和新疆等 3 个省（自治区）补充公布一批长城点段为省级文物保护单位。

2017 年 4 月，陕西省人民政府公布陕西境内长城为省级文物保护单位[2]，"其中包括新公布 40 处，扩展项目 2 处，同时公布相应保护范围和建设控制地带，已经省政府 2017 年第 4 次常务会议审议通过，现予以公布。"至此，陕西省长城资源全部列入省级及以上文物保护单位。

---

[1] 受国家文物局委托，2016 年和 2017 年中国文化遗产研究院承担"长城执法专项督察"工作，对长城沿线 15 省长城保护管理情况，进行实地督察，并对督察发现的成绩与问题进行全面总结，形成专项报告《2016 年长城执法专项督察总结评估报告》，2017 年；《2017 长城执法专项督察"回头看"总结评估报告》，2018 年，均为内部资料。

[2] 《陕西省人民政府关于公布陕西境内长城为省级文物保护单位的通知》（陕政发〔2017〕16 号）。

2018 年 1 月，辽宁省人民政府核定公布了第十批省级文物保护单位（长城类），共计 219 处 2569 点段。这是辽宁省首次将单一文化遗存——长城作为省级文物保护单位集中进行公布①。至此，辽宁省长城资源已有 2865 个点段列入省级及以上文物保护单位，占全省已认定长城资源总量的 89.56%，余下则为 2012 年国家文物局认定的消失段落。

2018 年 2 月，新疆维吾尔自治区人民政府核定公布了第八批自治区级文物保护单位，其中涉及长城资源 78 处②。至此，新疆长城资源中自治区级以上文物保护单位 178 处，占全自治区已认定长城资源总量的 83.96%。

截至 2018 年底，共有河北、山西、内蒙古、黑龙江、山东、河南、陕西、甘肃、青海、宁夏等 10 个省（自治区）长城认定资源全部公布为省级以上文物保护单位；天津市除一处堡寨因基本消失尚为区保外其余全部公布为省级以上文物保护单位。北京、辽宁、吉林、新疆等 4 个省（直辖市、自治区）未将长城全部公布为省级以上文物保护单位（表 2 - 1）。

表 2 - 1　尚未全部公布省级以上文物保护单位长城省份名单

行政区划	全省长城资源认定数 （处）	截止 2018 年公布省级以上 文物保护单位段落数（处）	截止 2018 年所占全省长城 段落比例（%）
北京	2356	2328	98.81
辽宁	2993	2865	89.56
吉林	230	228	99.13
新疆	212	178	83.96

二、长城"四有"工作持续夯实

长城"四有"是长城保护管理的重要基础性工作，也是 2016 年和 2017 年国家文物局长城专项督察的重点内容。2017 - 2018 年长城"四有"工作受到进一步重视，在保护区划、保护标志、记录档案建设和加强管理机构人员方面取得实质性成果。

（一）保护范围与建设控制地带划定

据统计，2017 年，共有 4 省份新公布长城保护范围和建设控制地带。2017 年，内蒙古自治区人民政府公布自治区境内长城保护范围和建设控制地带。③ 辽宁省完成了第七批长城全国重点

---

① 《辽宁省人民政府关于公布第十批省级文物保护单位（长城类）的通知》（辽政发〔2018〕4 号）。

② 国家文物局官网，http://www.ncha.gov.cn/art/2018/3/8/art_723_147525.html。

③ 《内蒙古自治区人民政府关于公布自治区境内长城保护范围和建设控制地带的通知》（内政发〔2017〕139 号）。

文物保护单位和第九批长城省级文物保护单位的保护范围和建设控制地带划定工作，并由省人民政府公布。① 陕西省人民政府公布新增42处省级重点文物保护单位长城保护名单保护范围和建设控制地带。② 青海省人民政府公布了第七批全国重点文物保护单位保护范围和建设控制地带，其中包括长城（西宁段、湟源段、湟中段、大通段、乐都段、平安段、互助段、化隆段、民和段、贵德段、门源段）。③

结合国家文物局组织的长城执法专项督察结果，截至2018年，河北、山西、内蒙古、黑龙江、山东、河南、陕西、甘肃、青海、宁夏等10个省（自治区）已全部公布长城文物保护单位的保护范围和建控地带。

（二）保护标志设立

保护标志不仅是长城位置的标识，更是长城依法保护和执法的重要依据。2017-2018年，根据查询各省级文物行政部门和政府官方网站，有9个省（自治区、直辖市）开展了保护标志设置工作（表2-2）。

表2-2　2017-2018年部分省份新设长城保护标志情况④

行政区	新设保护标志牌数（座）	新设保护界桩数量（根）	新设保护说明牌数（座）	新设其他保护标识
北京	184	—	73	长城警示牌100块
天津	85	798	10	—
内蒙	132	2030	173	—
吉林	121	1149	—	—
黑龙江	72	772	11	—
河南	38	46	—	—
陕西	153	553	153	—
青海	53	199	—	—
新疆	93	184	—	—
小计	931	5731	420	—

（三）记录档案编制情况

根据2017年国家文物局组织的长城执法专项督察"回头看"情况，吉林省、河南省、陕西省、青

① 《辽宁省人民政府关于公布第七批全国重点文物保护单位、第九批省级文物保护单位保护范围和建设控制地带的通知》（辽政发〔2017〕17号）。
② 《陕西省人民政府关于公布陕西境内长城为省级文物保护单位的通知》（陕政发〔2017〕16号）。
③ 《青海省人民政府关于公布第七批全国重点文物保护单位保护范围和建设控制地带的通知》（青政〔2017〕31号）。
④ 资料来源各省文物行政部门和政府官方网站公布数据。

海省、新疆维吾尔自治区在 2016 年督察基础上，根据国家文物局《长城四有工作指导意见》，建立健全长城四有档案，实现了对辖区内长城资源的全覆盖；其中河南省、陕西省、青海省完成了全部记录档案的报备工作。内蒙古自治区 12 个盟市的长城档案已基本完成，并报内蒙古自治区长城保护工作中心存档。内蒙古自治区长城保护工作中心还建立了长城"四有"档案室，分类存档档案 700 余盒，全区长城"四有"档案建设短板全面补齐，档案规范化建设水平显著提高。新疆全区目前已按照《长城保护条例》要求，以县为单位建立长城记录档案 212 个，较 2016 年度增加 203 个，涵盖全部已认定长城段落。

（四）长城保护管理机构和人员

长城保护管理机构和队伍建设作为"四有"工作的重要基础，2017 - 2018 年少数地方新设长城保护管理机构，长城保护员制度建设也取得一定成效。

1. 少数地方新设长城保护管理专门机构

在近年政府机构改革中，一些地方加强长城保护管理专门机构建设，值得肯定。2017 - 2018 年，长城沿线新设立 3 个长城保护管理专门机构，集中在内蒙古自治区和辽宁省。内蒙古自治区新设省级长城专门机构 1 个，包头市市级长城专门机构 1 个。辽宁省新设省级长城专门机构 1 个。另外甘肃省成立于 2016 年 11 月的市级长城专门机构嘉峪关丝路（长城）文化研究院在 2017 年全面开展相关工作。

2017 年，内蒙古自治区长城保护工作中心成立，为自治区文化厅所属相当于正处级公益一类事业单位，是全国第一家省级长城保护专门机构，为加强内蒙古长城保护管理工作提供了机制和专业保障（案例 2 - 1）。同年，辽宁省文物局成立长城保护办公室，并设专人负责，统筹全省长城工作。

案例 2 - 1　内蒙古自治区长城保护工作中心成立[①]

2017 年 1 月 6 日，内蒙古自治区编委会批复（内机编发〔2017〕33 号）同意成立内蒙古自治区长城保护工作中心。中心主要职责是：落实国家和自治区有关长城保护的法律、法规，在自治区长城保护领导小组的领导下，组织实施自治区境内长城抢救性保护工程、日常监控等工作；协调指导相关地区和部门加强常态化巡护管理，组织长城考古调查、理论研讨、学术交流活动。

成立伊始，内蒙古自治区长城保护工作中心即着力开展厘清家底、夯实基础、加强省内外交流等长城保护管理工作。2017 年 - 2018 年，中心主要开展了以下工作：

---

① 本案例由内蒙古自治区长城保护工作中心提供。

开展全区长城保护督导调研工作。中心成立以来，每年都对 12 个盟市的长城保护工作进行全面调研，分别听取各盟市长城"四有"建设情况、保护规划编制情况、保护工程实施情况、巡查与执法情况、保护经费使用情况、围封情况、法律法规宣传情况、长城保护工作中存在的问题及对策建议等方面的汇报，并与各盟市、旗县文化（文物）部门负责人进行座谈交流，了解了基层长城保护工作现状。形成调研报告，以分析自治区长城保护工作的现状、存在问题，提出相应的意见建议及下一步工作计划。

开展全区长城执法专项督察"回头看"。中心成立之时，恰逢国家文物局长城执法专项督察"回头看"工作开展。为做好"回头看"迎检准备，2017 年 10 月 24 日—11 月 8 日，中心分两组对全区长城保护工作进行了专项督察。重点围绕长城段落认定与公布、长城"四有"等基础工作、长城监管与执法常态化机制、政府保护责任落实等 4 个方面 31 项内容，督察组分别听取了 12 个盟市工作自查汇报，查看了实证材料，并现场填写了评价意见和整改建议，被检查单位负责人、督查组组长、组员进行了签字确认。同时，结合盟市所辖长城情况，在每个盟市选取了 1—3 个旗县，共抽取 21 个旗县听取了工作自查汇报，并进行了实地督察。督查后，形成了全区长城执法专项督察"回头看"情况报告，对全区长城保护工作开展情况、存在的问题提出了整改建议。同时结合各盟市及抽查旗县存在的问题，下达了整改通知书，进一步规范了全区长城保护工作及长城"四有"档案建设，为做好国家文物局长城执法专项督察"回头看"奠定了坚实的基础。

举办全区长城"四有"工作培训班。在自治区文物局支持下，中心举办了全区长城"四有"培训班，对自治区 12 个盟市及有长城分布的旗县区长城保护管理人员进行了培训。2017 年 6 月，全区长城"四有"培训班在呼和浩特举办。

加强全区长城"四有"档案建设。针对国家文物局长城执法专项督察反馈的自治区长城"四有"档案等环节薄弱，通过组建 QQ 群、微信群上传课件、电话指导等多种方式，督导各地区开展长城"四有"档案建设。通过加班加点，将各地区档案收集并建档，短时间内将各地区缺项落项内容进行了补充，按盟市分类入柜 700 余盒，补齐了长城"四有"档案建设短板。

举办长城学术研讨会。为了更好地促进长城保护、研究、利用领域的交流和创新，拓展学术视野、更新研究理念，2018 年 7 月 15 日，长城学术研讨会在呼和浩特市召开。内蒙古自治区相关领导出席会议，来自 14 个有长城分布的省区及江苏等省市文化、文物部门，中国文化遗产研究院等科研院所，清华大学等 8 所高校，自治区直属文博单位、部分盟市、旗县文物部门专家、学者，围绕长城研究和长城保护、管理与利用两个主题进行了交流研讨。为做好学术资料留存、分享学术研究成果，已编辑出版《长城学术研讨会论文集》，共收录论文 30 余篇。

举办内蒙古长城历史文化展。"长城精神　永续传承——内蒙古长城历史文化展"于 2018 年 8 月 10 日在内蒙古自治区展览馆开展。该展览是首次以内蒙古长城为主题的专题展览，重点围绕秦长城、金长城、明长城为主线，分"序"、"长城万里　横亘千年"、"长城内外　同是一家"、"长城保护任重道远"四个单元进行了布展，展示了内蒙古长城的构造、形制、走向、现存状况等内容，结合长城沿线出土的各类文物，向观众普及了长城相关融合发展的多元历史文化知识。展览受到了各级领导及专家的关注和广大群众的称赞，中宣部、国家文化和旅游部有关领导、自治区党政领导到展观看并给与了工作指导，内蒙古日报、内蒙古电视台、新华网、新浪网等多家媒体给予报道，社会反响良好，部分企事业单位在此举办了党日活动，驻呼高等院校及中小学组织教师学生观看展览，内蒙古长城文化遗产的关注度明显提高，长城保护和宣传的社会效应不断彰显。

加强长城保护知识及法律法规宣传。两年来，"5.18"国际博物馆日期间，制作内蒙古自治区长城概况和长城保护法律法规宣传图片，利用图书馆电子屏幕进行了滚动播放宣传。"6.10"文化遗产日期间，结合长城历史文化价值及长城保护法律法规，制作了宣传展板、宣传册，在展览馆主会场进行了展示和发放。草原文化遗产日期间，接受了内蒙古电视台采访，内蒙古自治区长城遗产分布、规划、保护情况及机构建设情况在内蒙古电视台卫视晚间新闻进行了专题报道，长城保护知识及法律法规得到了多角度、全方位的宣传。岁末年初时节，中心印制挂历下发至各盟市及相关旗县，要求各地保护员在长城沿线发放，进一步扩大长城保护宣传覆盖面。

加强区内外交流合作。2017 年参加了中国文物基金会在秦皇岛市举办的"长城保护维修的理念与实践论坛"；参加了第二期全国长城保护管理培训班，实地考察了嘉峪关博物馆，对长城保护工作的重要性、特殊性、工作要求有了进一步理解，提高了长城保护管理的政策理论水平，丰富了实践经验。2018 年，参加了由中国文化遗产研究院、中国文物保护基金会等 10 家单位共同发起成立的长城保护联盟成立大会，并实地考察了慕田峪长城，长城保护工作中心成为首批联盟成员单位。协助中国文化遗产研究院长城保护维修工程重点项目与评估工作组，对鄂尔多斯市、阿拉善盟汛期长城损毁点段进行了调研、评估，对当地文物部门给出了有针对性的指导意见。

组织开展考察交流活动。为学习其它省市在长城保护、管理方面的先进经验，2017 年组织中心人员对河北省、北京市的长城保护工作及长城博物馆建设等进行了调研，先后与河北省文物局、古建所、秦皇岛市山海关区文物局、北京市文物局、八达岭特区管委会等长城保护管理机构的相关负责人进行了座谈，交流了在长城"四有"建设、保护管理、执法巡查、修缮维护等方面的先进经验和典型做法，并实地考察了山海关、八达岭、居庸关和水关段长城。同时，实地考察了山海关长城博物馆、中国长城博物馆（八达岭），并与博物馆的管理人员及始建时期的陈列设计人员进行了深入交流，了解了两馆的建设、发展历程、管理现状、愿景规划等内容。2018 年到山西博物院调研学习了"碰撞·融合——长城文化展"。

除以上正式设立的专门机构外，一些地方还探索其他长城保护管理模式。有结合本地特点建立的特色基层保护模式；有和其他行业部门联合建立、依托文管部门或乡镇建立的长城保护工作站。

内蒙古自治区阿拉善盟文物局鉴于阿拉善地域辽阔，文物遗址众多，2016 年，组织阿拉善盟三个旗成立驼峰（长城）文物保护队，成员均为基层农牧民，对境内长城、古遗址等进行看守保护。到 2018 年，成员发展到 96 人，其中在国家文物局登录的长城保护员有 28 人。阿拉善盟文物局还为驼峰（长城）文物保护队制作印发了《阿拉善盟驼峰（长城）文物义务保护队队员手册》。

内蒙古自治区满洲里市文物局和当地边防队共同建立金界壕满洲里段（长城）保护站，呼伦贝尔市、赤峰市、巴彦淖尔市、阿拉善盟均依托当地文管所成立了长城保护工作站，全区长城保护管理人防、技防水平逐步提高。陕西省定边县依托文物、文化部门挂牌成立长城保护工作站。

除了依托文物部门以外，2017 年，陕西省依托各地乡镇文化站建立长城保护工作站，打通长城保护"最后一公里"，初步形成了市、县、乡、村四级长城保护体系。

2. 加强长城保护员制度化建设

2017 - 2018 年，长城保护员队伍在制度化建设上不断推进，通过明确职责、保障经费、加强奖惩等措施，提高长城保护员队伍的工作效果和能力水平。

天津市蓟州区对长城保护员工作高度重视，在区财政资金紧缺的情况下，2017 - 2018 年依然每年安排 16 万元用于长城保护员的补助、巡查装备发放和更新等。蓟州区共聘用长城保护员 16 人，区文保所每年开展一次长城保护员集中培训，培训内容涵盖长城保护法律法规、日常巡查规范、巡查摄影等。蓟州区文物主管部门为长城保护员提供必要的巡查看护工具，并参保人身意外保险。蓟州区将长城保护员经费纳入财政预算，逐年有所增加，补助达到 600 元/人/月，在全国范围内属于待遇比较高的。蓟州区还制定了《长城保护员制度》（附件 2），对长城保护员的管理范围、聘用条件、职责、奖励制度、惩罚制度、待遇标准等做了明确规定。蓟州区的做法值得推广借鉴。

2017 年，山东省文物局对全省 318 名长城保护员均明确了看护段落，颁发了聘书，配发了服装；并转发了《长城保护员管理办法》，对齐长城保护员的聘任、管理、巡护等工作提出了明确要求。

2018 年，内蒙古自治区扎实开展长城保护员聘用工作，全区长城保护员达 973 人，较 2015 年增加 348 人。

2018 年，甘肃省定西市文物局制定了《定西市文物保护员聘用管理办法（试行）》《定西市长城保护员聘用管理办法（试行）》，明确了文物保护员及长城保护员聘用原则，保护员的组织管理、基本条件、工作职责、权利及奖惩等内容。上述办法规定，文物保护员及长城保护员的日常管理工作由乡镇政府（街道办事处）负责，乡镇（街道）综合文化站协助管理和指导；由县级文物主管部门负责对保护员进行岗前培训、签订责任书、年度绩效考评；每处文物保护单位至少配备 1 名文物保护员；文物保护员的报酬纳入财政预算，并随财政收入增长逐年增加。

第二节　努力完善法规体系和规划体系

一、长城保护法律法规体系不断完善

在长城保护管理体制不断完善的基础上，2017－2018 年长城保护管理工作更加注重长城依法行政基础工作的制度化、精细化，结合长城沿线各地实际情况不断创新探索有效工作机制，同时强调人员队伍培训建设和经费保障。

以 2006 年《长城保护条例》颁布为标志，我国长城保护已经形成了较为完善的长城保护法律法规及规范体系。近两年，长城保护法规体系建设受到重视，特别是出台了一批地方性法规、地方政府规章和规范性文件。据统计，2017－2018 年，各地出台（包括修订、升级）的长城保护法律法规共有 6 部（表 2－3），包括新增 4 部，修订 1 部，提高法规级别 1 部；其中省级 1 部，市县级 5 部，地区主要集中在北京市、河北省、内蒙古自治区和甘肃省。

表 2－3　2017－2018 年长城保护法律法规情况

序号	地区	名称	级别	颁布机构	颁布时间	类型
1	北京	北京市长城保护管理办法	省级	北京市人民政府	2003 年颁布，2018 修订	地方政府规章
2	河北	秦皇岛市长城保护条例	市级	秦皇岛市人民政府	2018 年〔2004 年颁布的《秦皇岛市长城保护管理办法（暂行）》废止〕	地方政府规章
3	内蒙	包头市长城保护条例	市级	包头市人民代表大会	2017 年	地方性法规
4	内蒙	巴彦淖尔长城保护管理办法	市级	巴彦淖尔市人民政府	2017 年	地方政府规章
5	甘肃	定西市战国秦长城协议管理办法（试行）	市级	定西市文物局	2018 年	规范性文件
6	甘肃	定西市长城保护员聘用管理办法（试行）	市级	定西市文物局	2018 年	规范性文件

截至 2018 年底，全国现行涉及长城各级专门法规和规范性文件的共有 27 部（附件 3）。除国家级以外，北京、河北、内蒙、辽宁、黑龙江、山东、陕西、甘肃等 8 个省（自治区、直辖市）颁布了长

城专门法规和规范性文件。自 2002 年首部长城专门法规在葫芦岛①颁布，2016 年后长城法规颁布（修订、升级）呈持续走高态势（图 2－1）。

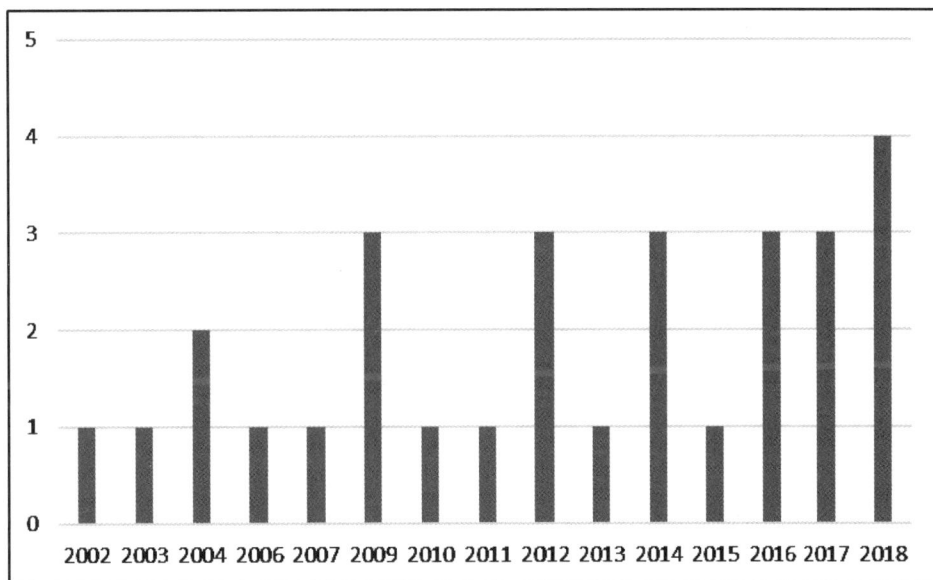

图 2－1　长城法规与规范性文件按年度颁布（修订）统计（修订或提升级别与首次颁布分别统计）

2017 年，内蒙古自治区包头市人民代表大会通过了《包头市长城保护条例》；巴彦淖尔市政府出台了《巴彦淖尔长城保护管理办法》。

2018 年，北京市人民政府修订了《北京市长城保护管理办法》（2003 年颁布），增补了两项条款的内容，法律依据更加具体化。河北省、内蒙古自治区、甘肃省等地，根据地方的实际情况，制定了专门法规及有针对性的规范性文件。

2018 年，河北省秦皇岛市人民政府颁布了《秦皇岛市长城保护条例》，原 2004 年颁布的《秦皇岛市长城保护管理办法》废止。首先，在法规上实现了升级。其次，内容上更加明确和充实，例如针对目前已经出现，但之前没有具体规定的行为，在长城上刻画、喷涂、张贴、书写广告，放养牲畜及在长城上野炊、野营等作出了禁止性规定；完善了长城保护员管理机制，规定文物主管部门应当聘请长城保护员对辖区内的长城进行分段看护、巡查；应当为长城保护员提供人身意外伤害保险，并给予相应的补助，补助标准不低于当地最低工资标准，有条件的地方可以将长城保护员纳入当地社会公益性岗位管理。同时加强了长城文物管理，对已经散落在民间的长城建筑构件的回收问题作出了具体规定。

2018 年，为加强长城保护管理工作，甘肃省定西市文物局认真分析该市文物安全形势，有针对性地制订出台了《定西市战国秦长城协议管理办法（试行）》《定西市长城保护员聘用管理办法（试行）》。

———————————

①　葫芦岛市人民政府，葫芦岛市九门口长城保护管理规定，2002 年，见附件 3。

另外，一些省份加强长城专门法律法规的普及工作。例如内蒙古自治区将长城有关法律法规、政策文件整理汇编为《内蒙古长城保护手册》，下发至各盟市和相关旗县区文物部门，为长城执法提供依据。

二、政策性文件佐助

除法规外，各级政府以各种文件形式加强文物保护工作，其中一些专门性文件对长城工作加以规范佐助，长城沿线 15 省之中 8 个省级政府（省政府办公厅）、两个省文物局出台了涉及长城的政策性文件，促进了长城保护工作的整体提升①（表 2-4）。

在国家层面：2017 年 9 月 20 日，国务院办公厅颁发《国务院办公厅关于进一步加强文物安全工作的实施意见》②（国办发〔2017〕81 号，以下简称 81 号文）从健全落实文物安全责任制；加强日常检查巡查，严厉打击违法犯罪；健全监管执法体系，畅通社会监督渠道；强化科技支撑，加强信息平台建设；加强督察，严肃追责等五个方面对加强文物安全提出了要求。特别是明确地方主体责任、加强日常检查巡查、引导社会力量参与等等方面对加强长城保护工作起到了重要的作用。为认真贯彻落实 81 号文的规定，多省人民政府发文，并在安全工作检查中将长城作为重点。

2018 年，河北省、吉林省、河南省、陕西省人民政府办公厅发布落实 81 号文的政策性文件。

河北省人民政府办公厅发布了《河北省人民政府办公厅关于进一步做好文物安全工作的实施意见》③（冀政办字〔2018〕71 号），强调"位于行政区域边界的长城、大运河等文物保护单位，相关市、县政府和文物部门要建立跨区域联合协作执法机制，实施联合执法监管。各地各单位要做到管理无缝隙、安全无死角、责任无空档。"

吉林省人民政府办公厅发布《吉林省人民政府办公厅关于进一步加强文物安全工作的实施意见》④（吉政办发〔2018〕15 号），提出"借助现代科技为文物安全保护提供支撑。探索运用无人机、遥感监测等科技手段开展长城等大型线性遗产及大型遗址墓葬安全监测和执法巡查工作。"

河南省人民政府办公厅印发了《关于进一步加强文物安全工作的实施意见》⑤（豫政办〔2018〕29 号），对如何进一步做好全省文物安全工作提出了具体要求。指出"世界文化遗产、长城所在地市县必须设立文物局，建立遗产、长城专职保护机构队伍，加强对世界文化遗产及长城巡查保护、执法督

---

① 根据各省政府网站及各省文物局官网整理，属不完全统计。
② 中华人民共和国中央人民政府网，http：//www.gov.cn/zhengce/content/2017-09/20/content_5226346.htm。
③ 中国雄安官网，http：//www.xiongan.gov.cn/2018-06/05/c_129887135.htm。
④ 人民网，https：//www.waizi.org.cn/policy/84981.html。
⑤ 河南省人民政府网，https：//www.henan.gov.cn/2018/05-31/630152.html。

察工作。"等相关内容。

陕西省人民政府办公厅发布《陕西省人民政府办公厅 关于进一步加强文物安全工作的实施意见》①（陕政办发〔2018〕11号），特别强调"有长城分布的市县每年要至少开展一次长城执法专项整治行动，严厉查处破坏长城的违法行为。"

除了落实81号文件，2017–2018年，在省级层面，多省（自治区、直辖市）政府（省政府办公厅）以及文物局颁布的政策性文件中，一些为专门的长城保护文件，另一些文件中也明确包括专门条款涉及长城保护内容。

北京市人民政府发布了《北京市人民政府关于进一步加强文物工作的实施意见》②（京政发〔2017〕40号），其中强调长城文化带建设保护方面，以延庆区八达岭区域为核心积极推动北京长城国家公园体制试点，以昌平区南口、怀柔区箭扣、密云区古北口、平谷区红石门等长城段落为修缮保护重点。

青海省人民政府出台《青海省人民政府关于进一步加强文物工作的实施意见》③（青政〔2017〕34号），特别指出"按照《中华人民共和国文物保护法》、《博物馆条例》、《长城保护条例》、《青海省实施〈中华人民共和国文物保护法〉办法》等保护法律法规要求，根据文物事业的发展要求，研究制定和修订地方性法规、规章和规范性文件，健全法治保障体系》"，并将"编制青海明长城保护规划，围绕明长城独特的文物资源，实施保护修缮、设施建设和展示利用工程"作为重点任务；2017年1月13日青海省文物局上报青海省政府《关于以省政府名义印发〈关于加强青海明长城管理工作的意见〉的请示》，青海省政府副秘书长晁海军批示，征求长城沿线12县区政府意见，修改完善。

新疆维吾尔自治区人民政府印发《关于进一步加强文物工作的指导意见》④（新政发〔2017〕33号），将政府责任、长城资源保护、文物安全执法、长城保护员补助经费等关键内容列入其中。

吉林省人民政府办公厅发布了《关于进一步加强文物工作的实施意见》⑤（吉政办发〔2017〕30号），提出要加强长城资源保护：按照"科学规划、整体保护、分段管理、保用结合"的原则，公布实施《吉林省长城保护管理总体规划》，明确省、市、县三级长城资源保护管理机构责任，落实长城资源"四有"工作。加大资金投入，科学实施我省长城资源保护与利用工程，提升长城资源展示利用水平，发挥长城资源在传承弘扬优秀传统文化中的独特作用。吉林省德惠市文物管理部门制定出台了长城保护员的管理办法，进一步明确了长城保护员的工作职责和工作任务，夯实了基层保护长城工作；延吉市出台了加强长城保护工作的规范性文件。

① 陕西省人民政府网，http：//www.shaanxi.gov.cn/zfxxgk/zfgb/2018_3966/d8q_3974/201805/t20180504_1637992.html。
② 北京市人民政府网，http：//www.beijing.gov.cn/zhengce/zhengcefagui/201905/t20190522_60604.html。
③ 北大法宝网，http：//www.pkulaw.cn/fulltext_form.aspx? Db = lar&EncodingName = html&Gid = 18050952。
④ 新疆维吾尔自治区人民政府网，http：//www.xinjiang.gov.cn/。
⑤ 吉林省人民政府网，http：//xxgk.jl.gov.cn/szf/gkml/201812/t20181205_5349960.html。

2017 年，河北省文物局和河北省财政厅联合制定了《关于河北省长城保护项目政府采购方式的通知》①，保证长城项目实施的质量和效果，针对长城保护中存在的问题，按照长城保护项目特殊要求，全省统一采取竞争性磋商采购方式进行项目采购，并对响应单位和评标方式作出了特别规定。

内蒙古自治区文物局下发《自治区文物局关于进一步加强长城保护工作的通知》②（内文物发〔2017〕36 号），要求各级文物部门加强和完善四有工作，在年度长城保护专项资金中专门安排长城四有建设和重点地段围封资金。

2018 年，山东省人民政府办公厅发布的《关于印发山东省人民政府 2018 年立法工作计划的通知》③（鲁政办发〔2018〕14 号），在"促进文化发展，保护生态环境，推进生态文明建设需要提请审议的地方性法规草案项目（10 件）"中敦促省文物局起草《山东省齐长城保护条例》。

表 2－4　2017 年和 2018 年长城政策性文件一览表④

发文时间	发文机构	文件名称
国家级规范性文件		
2017 年	国务院办公厅	《国务院办公厅关于进一步加强文物安全工作的实施意见》（国办发〔2017〕81 号，简称 81 号文）
落实国家 81 号文规范性文件		
2018 年	河北省人民政府办公厅	《河北省人民政府办公厅关于进一步做好文物安全工作的实施意见》
2018 年	吉林省人民政府办公厅	《吉林省人民政府办公厅关于进一步加强文物安全工作的实施意见》
2018 年	河南省人民政府办公厅	《关于进一步加强文物安全工作的实施意见》
2018 年	陕西省人民政府办公厅	《陕西省人民政府办公厅关于进一步加强文物安全工作的实施意见》
省级政府规范性文件		
2017 年	北京市人民政府	《北京市人民政府关于进一步加强文物工作的实施意见》
2017 年	吉林省人民政府办公厅	《关于进一步加强文物工作的实施意见》
2017 年	青海省人民政府	《青海省人民政府关于进一步加强文物工作的实施意见》
2017 年	新疆维吾尔自治区人民政府	《关于进一步加强文物工作的指导意见》
2018 年	山东省人民政府办公厅	《关于印发山东省人民政府 2018 年立法工作计划的通知》
省文物局文件		
2017 年	河北省文物局和河北省财政厅	《关于河北省长城保护项目政府采购方式的通知》
2017 年	内蒙古自治区文物局	《自治区文物局关于进一步加强长城保护工作的通知》
小计		12

---

① 河北省文物局提供。
② 内蒙古自治区长城保护工作中心提供。
③ 山东省人民政府网，http://www.shandong.gov.cn/art/2018/4/19/art_2259_28064.html。
④ 根据各省政府网站及各省文物局官网整理，属不完全统计。

三、长城保护规划体系建设日臻完善

2017－2018年，长城保护规划编制工作得到大力推进，包括长城保护总体规划、省级规划和重要点段规划三个层次。

（一）《长城保护总体规划》编制完成

《长城保护总体规划》是中国长城近70年保护管理历程中一份划时代的文件。《长城保护总体规划》出台是贯彻落实习近平总书记重要指示批示精神的重要举措，是实施《长城保护条例》的重要进展，是国家统一部署、多方鼎力协作的重要成果。

《长城保护总体规划》编制前期工作启动于2006年，历时整整十三年。在前期阶段，全国十几个省（自治区、直辖市）的千余名文物、测绘专业人员跋山涉水、风餐露宿，为规划的出台提供了最全面、最精确的基础数据。在此基础上，《总体规划》编制单位中国建筑设计研究院建筑历史研究所编制长城保护规划大纲和指导文件。至2016年底，省级长城保护规划初步编制完成。

2017年，正式启动《长城保护总体规划》编制。在长城保护规划大纲、编制指导文件设计成果与15个省（自治区、直辖市）的分省长城保护规划初稿形成之后，在国家文物局指导下，确定了《长城保护总体规划》定位、总体思路和工作要求。规划在《长城保护规划大纲》的整体框架上，首先重点开展了遗产整体价值研究，用于遗产的价值载体辨认、确认保护对象；而后对各省级长城保护规划提供的第一手遗产现状评估进行了全面而充分的统计分析，依据问题导向的原则，制定规划措施，同时充分吸收各省级长城保护规划的经验，于2017年底完成《长城保护总体规划》初稿。

2018年，国家文物局就《长城保护总体规划》初稿先后多次征求相关各省和党中央、国务院相关部门意见，对规划初稿进行反复修改。2018年，文化和旅游部正式将《长城保护总体规划》报送国务院。国务院办公厅再次对规划内容进行了完善，进一步强化规划的针对性和可操作性，并于2018年底完成终稿①。经国务院同意，2019年1月《长城保护总体规划》由文化和旅游部、国家文物局正式印发。

《长城保护总体规划》为建立长城保护传承利用长效工作机制，督促各省（自治区、直辖市）将长城保护作为一项长期任务持之以恒地抓下去提供了重要遵循。

---

① 陈同滨，《长城保护总体规划》编制概述，文博中国，2019年2月1日，https：//mp. weixin. qq. com/s？ __biz = MjM5ODI3NzkzOQ = = &mid = 2651561697&idx = 2&sn = dcb0c0d3134daffd7368b0e54b60dd4e&chksm = bd3218bd8a4591abb d4de83155e62186ba5118bee426b4d8f8006821da9132de17dcd4ddd28d&mpshare = 1&scene = 2&srcid = 0213CSBjPgM36PpGQQ4 2P0b3&from = timeline&pass_ticket = Is/fUjo7F38r5FSbIiK4PJhyUpN/LoU1Y0/uko8ukJGqNFF7LFzBlo2ZMoc1L0Hn#rd。

长城保护总体规划突出以下主要特点①：

第一，规划阐释了长城价值和长城精神，强调了长城文化景观的特性，提出规划核心是长城价值的保护展示，规划目标是长城精神、抗战精神、长征精神的传承弘扬。规划明确了长城保护传承利用相关工作原则、目标、内容及管理要求。

第二，规划明确了长城保护的重点是秦汉长城和明长城。其中，部分明长城作为"长城抗战"物质见证，是中华民族的精神象征。规划提出了长城重要点段遴选标准，提出开展长城遗产线路建设、大力促进中外人文交流等工作设想。

第三，规划强调协调处理好四种关系：一是全面保存与重点保护的关系。二是分级管理与分类保护的关系。三是政府主导与社会参与的关系。四是遗产保护与传承弘扬的关系。

（二）省级长城保护规划的编制基本完成

2017 年，国家文物局集中组织对长城沿线各省（自治区、直辖市）完成的长城保护规划初稿进行预审，组织专家进行论证，提出批复和修改意见，共批复 15 省的 19 部规划（表 2 - 5），下一步将根据已经公布的《长城保护总体规划》进行衔接和细化完善。截至 2018 年底，尚有 2 省的 3 部规划待提交审批（表 2 - 6）。

表 2 - 5　已经批复省级长城保护规划列表

序号	省份	规划名称
1	北京市	北京市长城总体保护规划
2	天津市	天津市长城保护总体规划
3	河北省	河北省明长城保护总体规划
4	山西省	山西省长城保护总体规划
5	内蒙古自治区	内蒙古自治区长城保护总体规划
6	辽宁省	辽宁省战国燕长城保护总体规划
7		辽宁省明长城总体规划
8	吉林省	吉林省长城保护总体规划
9	黑龙江省	黑龙江省金界壕遗址保护总体规划
10		牡丹江边墙文物保护规划
11	山东省	山东省长城——齐长城遗址总体保护规划
12	河南省	河南省魏长城保护总体规划

---

① 刘玉珠，《〈长城保护总体规划〉出台　鼓励社会力量参与长城保护》，2019 年 1 月 24 日，https：//www.sohu.com/a/291184027_428290。

续表

序号	省份	规划名称
13		陕西省明长城保护总体规划
14	陕西省	陕西省早期长城保护整体规划
15		陕西省魏长城保护总体规划
16	甘肃省	甘肃省长城保护总体规划
17	青海省	青海省明长城总体保护规划
18	宁夏回族自治区	宁夏回族自治区长城保护总体规划
19	新疆维吾尔自治区	新疆维吾尔自治区长城保护总体规划

表 2 - 6　待批复省级规划列表

序号	省份	规划名称	进展情况
1	河北省	河北省早期长城保护总体规划	省内修改
2	河南省	河南省楚长城保护总体规划	完成初稿
3		河南省豫北赵长城保护总体规划	完成初稿

第三节　长城执法与督察初显成效

继 2016 年长城执法专项督察之后，2017 - 2018 年国家文物局持续加强长城执法督察工作，旨在建立长城监管与执法常态机制，切实提升长城保护管理水平。

一、长城执法专项督察"回头看"促使基础工作取得长足进展①

为贯彻落实习近平总书记关于加强长城保护、加强文物安全工作的重要指示和《国务院办公厅关于进一步加强文物安全工作的实施意见》（国办发〔2017〕81 号），2017 年，国家文物局部署开展了长城执法专项督察"回头看"（以下简称"回头看"），针对 2016 年长城执法专项督察中发现的问题进行再督察，重点抓落实、促整改。通过连续两年的专项督察，《长城保护条例》得到进一步落实，各地各级人民政府重视程度进一步提高，长城保护基础工作取得突出成效，长城保护和监管主体责任得到有效推进，长期没有解决的难点问题得到有效解决。

---

① 根据《国家文物局关于长城执法专项督察"回头看"情况的通报》（文物督函〔2017〕1978 号）和《2017 长城执法专项督察"回头看"总结评估报告》（2018 年，内部资料）整理而成。

依据《长城保护条例》，长城执法专项督察"回头看"分为五个方面：（一）政府长城保护主体责任落实情况；（二）长城核定公布为省级以上文物保护单位情况；（三）长城"四有"等基础工作落实情况；（四）长城监管与执法常态化机制建立情况；（五）涉及长城的文物违法犯罪案件查处情况。对13 子项、35 小项进行量化考核，全面评估长城保护现状，核查 2016 年长城执法专项督察整改落实情况。

按照"双随机一公开"要求，2017 年 10 月 26 日至 11 月 10 日，国家文物局专项督察组对 2016 年得分低于 80 分的天津、内蒙古、辽宁、吉林、河南、陕西、青海、新疆共 8 个省（自治区、直辖市）集中开展实地督察。经过考核，8 省份长城保护管理得分均达到了 80 分以上，其中天津、吉林、陕西得分超过 90 分。2016 年长城执法专项督察对 8 省份所提 174 条整改要求，147 项得到整改，101 项全部整改到位，整改率达 84.5%。

在各级地方人民政府的重视和文物部门的努力下，长城保护工作取得了明显进展，突出体现在以下方面：

（一）政府和文物部门高度重视"回头看"。天津市人民政府、内蒙古自治区人民政府主要领导就长城保护工作作出专门批示；辽宁省委书记、分管省长分别作出重要批示。天津、内蒙古、辽宁、吉林、河南、青海等省（自治区、直辖市）文物部门召开会议作出部署。辽宁、河南、新疆等省（自治区）文物部门成立了领导机构。

河南省文物局召开专门会议进行研究部署，并建立了《长城执法专项督查违法案件工作台账》和《长城执法专项督查突出问题整改工作台账》。青海省文物局向 12 区县印发《关于开展长城执法专项督察"回头看"的通知》（青文物综〔2017〕142 号），要求各单位自查整改，各地形成书面材料报省局。2017 年 10 月 11 日青海省 2017 年度文物保护管理干部及省级文物保护单位记录档案培训班上，省局召开涉及文物保护区县文物部门负责人座谈会，听取长城沿线各地在回头看工作中的成效、困难、问题和经验，根据各地自查汇报情况和讨论交流结果，对全省"回头看"工作进行安排部署，认真梳理一年来各项工作。新疆维吾尔自治区为做好查工作，自治区文物局召开专门会议、传达学习《国家文物局关于开展长城执法专项督察"回头看"的通知》精神，成立新疆长城执法专项督察"回头看"工作小组，新疆维吾尔自治区文物局局长王卫东担任组长，明确工作任务和责任分工。督察工作小组向全疆分布有长城遗址点的 9 个地、州、市文物管理部门转发《通知》，安排部署新疆专项督察"回头看"工作。各地、州、市按照《通知》及《长城执法专项督察自查表》要求贯彻落实工作任务，开展自查工作。根据自查情况向国家文物局提交的自查报告内容详实、完整。

8 省份长城沿线文物部门积极开展自查自纠，按时提交了自查报告，实地自查了长城沿线 124 个市（县、区）。内蒙古自治区、陕西省、青海省对境内长城沿线各市（县）实地督察做到了全覆盖。

（二）政府长城保护主体责任进一步明确。天津市、辽宁省、吉林省、陕西省、新疆维吾尔自治区等省（自治区）人民政府召开专题会议研究长城工作，8 省（自治区、直辖市）人民政府主要领导

亲自过问或批办长城保护工作。内蒙古自治区、辽宁省建立了省级长城保护专门机构。长城保护经费
基本纳入各省财政预算，辽宁省财政落实了文物执法专项经费 53 万元，内蒙古自治区、青海省每年经
费额度超过 1000 万元，新疆维吾尔自治区列支长城保护员经费 300 余万元。

天津市蓟州区文物部门与长城保护员签订责任书，开展培训，完善管理制度，建立保护员巡查工
作微信群，及时上报巡查情况，极大补充和保障了长城的日常管护力量。内蒙古自治区将长城保护纳
入政府考核体系。吉林省德惠和延边州的图们、延吉三个县区长城保护管理工作中，进一步完善保护
责任制的建设工作，完成了辖区内长城点段责任书的签订工作，长城保护责任落实比较到位。河南省
叶县财政每年拨付专款设立文物保护基金和文物保护奖励制度。陕西省人民政府与长城沿线各地市人
民政府签订了《长城保护工作责任书》，其中榆林市提出并落实长城保护"四个一"要求。

（三）文物部门长城保护监管责任进一步落实。截至 2017 年 11 月，8 省（自治区、直辖市）
86.5% 的长城段落已核定公布为省级以上文物保护单位。重要长城段落、节点和交通路口多已设置保
护标识。属于全国重点文物保护单位的长城段落已全部建立记录档案。各省长城保护规划均已完成文
本编制。内蒙古自治区文物部门依法处理了 21 起长城违法案件，关停已获得矿权的企业 20 家。辽宁
省文化厅印发了《长城执法巡查实施细则》，积极落实案件上报制度。吉林省长城保护员坚持每周巡
查，文管所按月重点检查和抽查。

（四）各地积极探索长城保护管理新举措。内蒙古自治区文物局与自治区公安边防总队签署《警
地共建边境地区文物保护"草原神鹰"工程合作协议》，同时为解决毗邻行政区域长城管理问题，内
蒙古部分旗县与山西、黑龙江、陕西、宁夏等省（自治区）相邻县区建立了联防机制。陕西省榆林市
依托各地乡镇文化站建立长城保护工作站，打通长城保护"最后一公里"。8 省（自治区、直辖市）文
物部门均与公安部门建立了执法联动工作机制。新疆巴里坤县与边防部队签订协议书，由边防部队代
管 6 处长城烽燧。

通过 2016 年和 2017 年连续两年的专项督察，《长城保护条例》得到进一步落实，长期没有解决的
一些重点难点问题得到有效解决。在取得成绩的同时，"回头看"中也发现了一些亟待解决的问题：

一是长城保护法规制度有待健全完善。督察结果显示，目前 8 省（自治区、直辖市）均未出台省
级长城保护地方性法规。辽宁、河南两省未建立长城保护奖励制度。

二是长城保护基础工作有待加强。依法将长城段落核定公布为省级文物保护单位的比例参差不齐，
个别省远低于平均水平；划定保护范围和建设控制地带的比例，个别省低于 50%，甚至为 0；内蒙古、
吉林、河南、青海等省（自治区）长城保护员经费偏低或落实不到位，辽宁省有 9 个县区没有长城保
护员。

三是长城展示利用与社会参与水平有待提高。8 省（自治区、直辖市）长城认定点段的展示利用
率约为 0.2%，长城的社会、精神、经济价值有待进一步研究挖掘，展示利用方式与规模有待进一步
拓展，长城保护管理与区域社会经济协调发展的局面尚未形成。长城保护社会参与不够，文物部门与

公众沟通不够，社会监督渠道不畅。

二、长城违法案件查处督办

2017－2018 年，通过长城执法专项督察"回头看"、文物法人违法案件专项整治行动（2016－2018 年）"①、年度文物行政执法指导性案例公布②等一系列行动，国家文物局对破坏长城本体及历史风貌的违法犯罪案件进行督查督办。

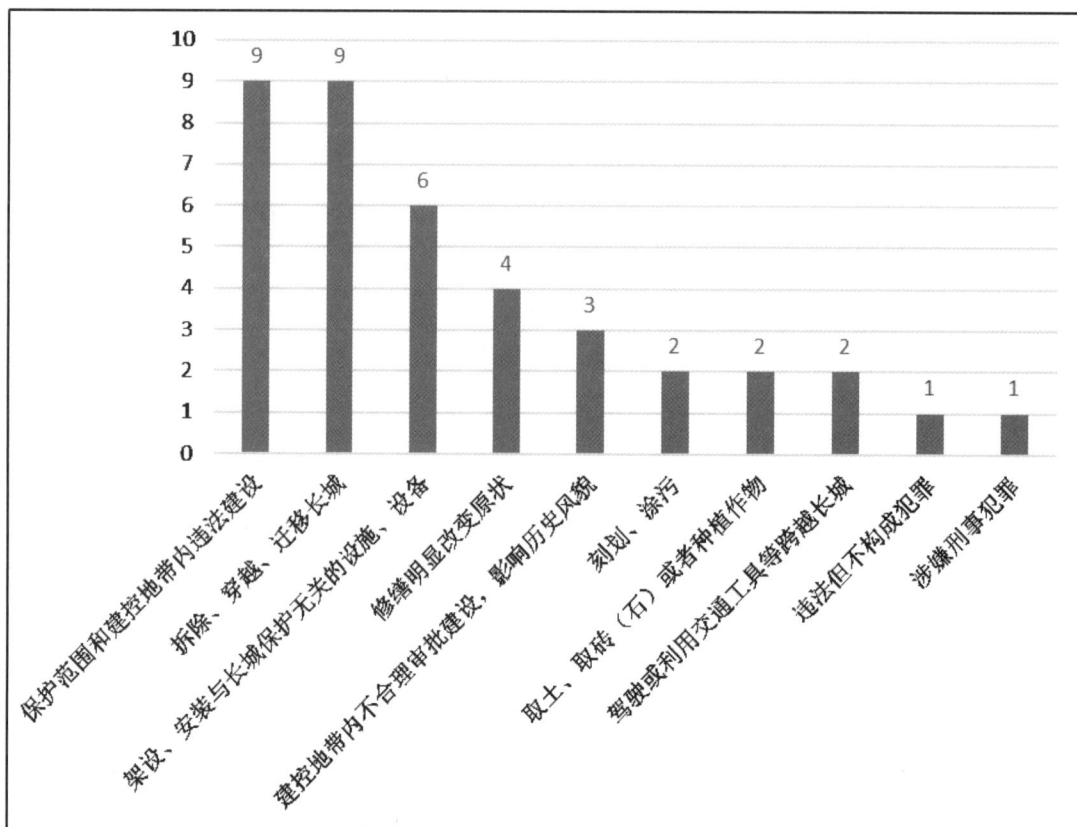

图 2－2　2016－2017 年全国长城案件违法行为分类数量统计图

根据长城执法专项督察结果统计③，2016－2017 年，全国共有 9 个省（自治区、直辖市）发生长城违法案件，共计 49 起，其中发生在 2017 年的涉及 8 个省（自治区、直辖市），有 20 起。所有 49 个案件均得到了各省文物部门的反馈，均在办理中或已办结。案件中的涉嫌违法行为类型较集中，主要

---

① 国家文物局网站，http：//www.ncha.gov.cn/art/2016/8/11/art_2237_25754.html。
② 国家文物局遴选具有代表性的、集中展现严格依法行政，以法治思维、法治方式促进文物保护工作效果的指导性案例公布，自 2015 年至 2019 年已举办三届遴选活动，发布 39 个指导性案例，分别是《2015 年度文物行政执法指导性案例》《2017 年度文物行政执法指导性案例》《2019 年度文物行政执法指导性案例》。
③ 《2016－2017 长城执法专项督察案例汇编》，2018 年，内部资料。

违反《长城保护条例》第十二条、第十八条、第二十三条、第二十四条、第二十七条和第二十八条，共涉及违法行为十三款。其中"在长城保护范围内进行违法建设"和"拆除、穿越、迁移长城"是最常见的违法行为，占全部违法行为次数的 23.1%（违反多个条款的，每违反 1 条计 1 次）；其次是架设、安装与长城保护无关的设施、设备，占 15.4%。不当修缮也是比较突出的现象（图 2 - 2）。

国家文物部署开展的"文物法人违法案件专项整治行动（2016 - 2018 年）"，将破坏长城本体及其历史风貌案件作为主要任务之一。在此行动中，21 个省级文物部门和执法机构成立领导小组并召开动员部署会，26 个省份制定实施方案，重点督办 175 起文物法人违法案件，实地抽查 237 个地市、764 个区县。① 其中重点督办 175 起案件中有近 20 起为长城相关案件。根据《国家文物局通报文物法人违法案件专项整治行动（2016 - 2018 年）情况》②，一批危害长城安全及环境风貌案件得到有力整治。内蒙古自治区关闭阿拉善左旗明长城保护范围内破坏文物环境风貌的 20 多家采石企业。陕西省榆林市公路建设破坏长城案、河南省辉县市赵长城遭破坏案，相关人员被追责或刑事拘留，违法建设全部被拆除。甘肃省酒泉市西湖区域长城遭破坏案（案例 2 - 2）入选《2017 年度文物执法指导案例》。违法建设的彻底整治，有力维护了文物安全和法律尊严，体现了地方政府保护文化遗产的责任意识和担当精神。

案例 2 - 2　组织车辆违法跨越长城案③

2017 年 5 月，甘肃省酒泉市瓜州县文物局接当地长城保护员报告，在全国重点文物保护单位长城（东沙窝段）有大量车辆跨越长城。经调查，是深圳同行者联盟文化传播有限公司在委托敦煌市山野户外有限责任公司组织户外徒步活动过程中，参加人员驾驶车辆在东沙窝长城 6 段和 7 段跨越 17 处汉长城遗址。该行为涉嫌违反《长城保护条例》第十八条第（四）项的有关规定，甘肃省酒泉市瓜州县文物局依法立案查处。

根据《长城保护条例》第二十七条第二款"在长城上驾驶交通工具，或者利用交通工具等跨越长城的，由县级人民政府文物主管部门责令改正，造成严重后果的，对单位处 5 万元以上 50 万元以下的罚款"和《甘肃省文物行政处罚裁量权规范办法》中"在长城上驾驶交通工具，或者利用交通工具等跨越长城的，造成长城轻微受损的，责令改正，单位给予 5 至 10 万元处罚"之规定，2017 年 7 月，瓜州县文物局依法给予深圳同行者联盟文化传播有限公司行政处罚。

长城保护任务艰巨，违法种类多样，及时发现比较困难，该案由长城保护员巡查发现并及时报告，

① 国新网站，http://www.scio.gov.cn/XWFBH/gbwxwfbh/xwfbh/wwj/Document/1656153/1656153.htm。
② 国家文物局网站，http://www.ncha.gov.cn/art/2019/4/12/art_722_154560.html。
③ 本案例来自国家文物局发布《2017 年度文物行政执法指导性案例》。

充分体现了社会力量参与长城保护的重要作用。文物行政部门对该案的严格执法既是对《长城保护条例》的有效宣传，又为类似案件的查处提供了示范参考。

三、长城执法巡查与工作保障[①]

对于线长点多的长城保护，日常巡查是加强预防性保护的重要基础工作。国家文物局 2016 年出台《长城执法巡查办法》并纳入专项督察之后，各地高度重视长城巡查工作，加强长城巡查工作的制度建设、模式创新和保障机制，提高长城巡查频率和力度，并在经费方面提供保障。

1. 从制度上加强长城保护责任落实，制定具体实施方案

根据各地《2017 长城执法专项督察总结评估报告》，吉林、黑龙江、河南、陕西、甘肃、新疆等地 2017 年加强长城保护责任落实，制定长城执法巡查工作方案并组织实施。例如陕西榆林区在《长城保护工作责任书》中明确政府主要负责人为长城保护工作第一责任人，提出了长城保护"四个一"要求，即乡镇设 1 个长城工作站、每 10 公里聘 1 名长城保护员、每周巡查 1 次、每 1 公里设置 1 个长城保护标识。甘肃省文物局在 2017 年工作要点中就长城执法巡查工作进行部署，并结合全省文物安全状况大排查等专项检查工作开展长城执法巡查。新疆维吾尔自治区文物局 2017 年加大对长城保护的执法巡查，层层落实长城保护责任，加骋长城保护员、增设长城工作站，完善地方性法规，从制度规范、责任落实方面不断加强对长城的监督管理，形成长城安全监管的常态化机制。严格落实属地管理执法巡查工作机制，各地州市文物管理部门开展本辖区长城执法巡查。

2. 结合本地长城实际情况，创新工作机制

各地还结合本地长城特点与问题，创新长城执法巡查工作机制。2017 年以来，京津冀三地长城联合执法过程中，进一步推动长城遗产资源信息共享，建立长城执法联席制度，加强执法信息沟通。2017 年以来，北京市、天津市和河北省先后在平谷区、蓟州区、兴隆县开展联合执法巡查，组织跨区培训，有力地提升了长城执法特别是各省交界段长城执法的工作能力。内蒙古自治区赤峰市建设文物行政执法监控平台，文物执法人员利用手机将巡查记录现场照片等直接上传，提高了长城执法质量效能。辽宁、吉林、黑龙江、青海等地与公安、文化执法等部门建立联席会议、联合协作等协调机制加强长城巡查力度。

3. 经费保障不断增强，多省将执法巡查经费纳入财政预算

从 2017 年总体情况来看，大部分省份将长城执法巡查经费纳入了省级财政预算。其中内蒙古自治区、青海省每年经费额度超过 1000 万元，新疆维吾尔自治区列支长城保护员经费 300 余万元。

吉林省图们市文物部门聘用了 6 名长城保护员，落实了 12 万元左右的长城执法巡查业务经

[①] 该部分文中涉及经费数据均来自中国文化遗产研究院编《"2017 年度文物行政执法专项督察"项目研究报告》。

费；延吉市文物部门聘用了 8 名长城保护员，县财政部门同意拨付 20 万元的长城保护专项经费。山东省在执法巡查方面，省财政每年拨付省文物局文物行政执法专项经费 70 余万元，为包括齐长城在内的文物执法巡查提供经费保障。陕西省省级财政长城保护经费每年 800 万元，长城执法巡查经费每年 200 万元，长城保护员经费每年 100 万元。并落实了近 1 千万元经费用于制作长城保护标志和界桩。甘肃省财政将长城保护工作经费纳入财政预算，每年列支 260 万元，其中长城执法巡查 30 万元，长城保护员经费 230 万元。青海省文物局 2017 年拨付局本级经费 210 万元，用于长城巡查、检查、宣传、人员培训等。2017 年青海省财政厅下发《关于下达 2017 年文化旅游提升工程实施方案中央基建投资支出预算的通知》（青财建字〔2017〕1045 号），落实大通、湟中等 9 县区长城段落基础设施建设项目，下达项目资金 1200 余万元用于保护标志、界桩、围栏设置。① 2018 年申报经费列入 19.05 万元长城保护员经费。新疆维吾尔自治区为保障长城资源保护界桩、警示牌工作，自治区本级财政拨付 75 万元专项经费，拨付长城沿线 8 个地州市开展相关工作；为展示长城资源承载的优秀历史价值，专门拨付库车县科什吐尔塔烽火台保护展示经费 80 万元，用于保护围栏、停车场、管理用房等保护设施；长城保护员补助经费纳入自治区财政预算，计划每年拨付321.6 万元，以每人每月 2000 元标准发放。

第四节　长城保护管理培训务实创新

2017 - 2018 年，各级文物部门加强长城保护管理培训工作，培训内容既有综合性的，也有技术、"四有"工作、执法等专题性的，参加学员大都是来自基层长城保护一线的文博工作者和长城保护员，培训形式既有专家授课，也有现场研学交流，同时发放法规制度资料和工作装备等，更加注重针对性、操作性和实效性。

一、国家文物局主办的长城培训

继 2016 年第一期全国长城基层管理人员培训之后，2017 - 2018 年国家文物局相继组织开展了第二期和第三期全国长城保护管理培训班。

2017 年 6 月，国家文物局长城保护管理系列培训班第二期在敦煌举办。来自全国长城沿线 15 个省（自治区、直辖市）地市级文物行政部门、长城保护管理机构负责人共 58 人参加了培训，甘肃省还组织本省有长城的市州、县区文物行政部门和长城保护管理机构业务人员 35 人进行旁听。培训内容涉及

---

①　中国文化遗产研究院编《"2017 年度文物行政执法专项督察"项目研究报告》。

长城价值、预防性保护、维修理念、执法督察等，并组织学员赴敦煌研究院监测中心、保护研究所及敦煌市相关长城段落开展现场观摩教学，开展多次座谈讨论。

案例 2－3 国家文物局第三期长城培训班——砖石质长城保护管理

2018 年 9 月，国家文物局长城保护管理系列培训班第三期——2018 年砖石质长城保护管理培训班在河北省秦皇岛市山海关区举办。此次培训学员来自我国明代砖石长城集中分布的京、津、冀、辽、晋、陕 6 省（直辖市）24 个地级市 56 区（县），共有 69 位学员。培训内容涉及文物古迹保护理念、相关法规、国内外长城保护优秀案例等内容。

本次培训尝试设置了现场教学实训环节，专家与学员一起，针对不同历史时期山海关长城的修复工程过程进行样本剖析，对山海关部分未修缮长城点段进行实地调研，现场交流、研讨保护利用模拟设计。

图 2－3 学员在北翼城进行现场实训（许慧君摄）

图 2 – 4　开班仪式合影（国家文物局供图）

二、地方组织的各类长城培训

2017 – 2018 年，各地各级文物部门加强长城培训组织工作，天津、河北、内蒙组织了省级长城培训，很多市县也开始组织长城培训工作。有和长城"四有"结合的培训，也有逐年按照计划进行的专门对长城保护员的培训。授课内容和形式也较往年更加丰富和多样。

天津有计划持续举办针对长城保护员的培训。2017 年 12 月，天津市文物局在蓟州区主办第二期天津市蓟州区长城保护员培训，长城集中分布的蓟州区 16 名长城保护员参加培训。2018 年 11 月，天津市蓟县文物局举办"蓟州区长城保护员培训班（第三期）"，区文化执法大队、4 个属地管理单位、16 名长城保护员及相关人员参加培训。为促进京津冀三地长城保护工作全面、统筹、协调发展，此次培训在河北省兴隆县举办，组织保护员赴密云区二道坎长城实地观摩，并与兴隆县文物保管所相关负责同志交流了长城巡查工作经验和做法。

2017 年 6 月，内蒙古自治区文物局在呼和浩特市主办 2017 年全区文物保护及长城"四有"培训。内蒙古自治区政府有关领导出席开班仪式并做重要讲话；内蒙古自治区文物局相关领导以及来自内蒙古博物院、中国文化遗产研究院的相关专家对长城相关政策进行了解读。培训分两部分内容，一是关于文物保护技术探讨和实践应用；二是国保单位"四有"档案建设方法、解读《长城"四有"工作的指导意见》、长城"四有"工作中的问题——以内蒙古长城为例、内蒙古长城保护规划及长城保护经验交流。内蒙古自治区文物局相关人员还对《内蒙古自治区人民政府关于加强自治区境内长城保护工作的意见》《自治区文物局关于进一步加强长城保护工作的通知》做了解读。培训方式为集中授课与实地观摩。参与本次培训的授课老师分别来自中国文化遗产研究院、北京建筑大学、内蒙古大学、内蒙古博物院和内蒙古文物保护中心。内蒙古自治区 12 个盟市 120 多位学员参加了培训，并实地参观了内蒙古自治区国保单位和包头固阳秦长城、金界壕的"四有"档案。

省级培训后，内蒙古自治区多个市县结合各地情况举办形式多样的长城保护培训。2017 年 6 月，内蒙古自治区乌兰察布市凉城县文化旅游新闻出版广电局举办首次长城保护员培训班。凉城县文管所全体干部职工和 40 多名基层长城保护员参加了培训。培训班讲解了长城基本知识、全国长城资源调查、乌兰察布市长城工作概况、凉城县长城基本情况、长城保护专门法律法规及相关文件、长城保护巡查工作职责、长城保护全民倡议等方面的内容。培训班上还为长城保护员发放了长城保护员专用服装，雨衣、雨鞋等雨具等防护用具以及《长城保护员工作守则》等工作资料。2017 年 8 月，内蒙古自治区乌兰察布市文新广局举办长城"四有"工作培训班，该市 11 个旗县市区文管所负责人和负责长城记录档案工作的业务人员、市长城"四有"建设工作项目办公室工作人员参加。通过此次培训，不仅进一步提高了对文物保护与管理工作的认识，更新了理念，强化了责任意识，同时掌握了长城记录档案的制作，为做好各级各类文物记录档案奠定了基础。2017 年 11 月，内蒙古自治区通辽市举办文物保护和长城保护培训班，内容包括长城"四有"工作，文物消防安全知识及现场演练，文物保护等三个方面。

图 2-5 2017 年内蒙古自治区文物保护及长城"四有"培训（内蒙古自治区长城保护工作中心供图）

2018 年 5 月，山东省临沂市沂水县文广新局在沙沟镇举办了齐长城沿线保护员培训班，齐长城所在地马站、沙沟 2 个乡镇分管领导、文化站长以及常年义务奔波于长城保护第一线的 30 余名保护员参加。培训内容包括齐长城基础概况、沂水县境内齐长城概述、长城巡查实务、长城保护条例和长城保护员管理办法实务等，并有针对性地对长城保护员进行了巡查基础知识、长城潜在风险认定以及问题上报程序等基础要点的培训。

第五节　政府高度重视长城保护，基层管理队伍亟待加强

长城保护管理体制在实践中不断完善，最大限度地保护了长城的价值、真实性、完整性，为大型文化遗产的保护管理积累了有益的经验。各级政府高度重视长城保护，一是各级人民政府对长城保护工作重视程度明显提高。多个省（自治区、直辖市）党委、人民政府主要领导对长城保护工作作出批示并召开长城保护专题工作会议。二是经费保障明显加强。三是建立健全责任追究制度，2017－2018年，多省建立了责任追究制度。

但基层保护管理队伍有待加强建设。市县级文物保护力量大幅度减少，工作压力很大。目前基层主要存在以下问题：首先，队伍老化，新人难招。很多地方的文管所都靠一位老所长支撑，新人不愿意去。其次，编制和职称难以解决，工资待遇偏低。所以刚毕业的年轻人更愿意选择其他行业部门。

建议：1. 进一步推动政府主体责任落实。建议各省人民政府和文物部门认真学习习近平总书记文化遗产系列讲话、国务院办公厅关于进一步加强文物安全工作的实施意见（国办发〔2017〕81号）、内蒙古长城保护座谈会及党和国家领导人关于长城的批示精神，本着对历史负责、对人民负责、对未来负责的态度，采取切实有效措施，发挥政府在长城保护中的主导作用，进一步加强新时期的长城保护工作。

2. 完善长城保护法律法规体系。各省应抓紧出台长城保护相关地方性法规。《文物保护法》、《长城保护条例》等相关法律法规中的规定在实际工作中要进一步明确，要落到实处。

3. 加强基层保护管理队伍建设。从根本上提高基层保护管理机构的待遇，把"冷板凳"变为"热板凳"。形成年龄和阅历上的梯队建设，扩大基层保护管理队伍，为长城保护管理得到加强提供坚实后盾。

4. 加强长城保护员队伍建设。按照《长城保护员管理办法》的相关要求，加强长城保护员队伍建设，建章立制，建立规范的工作机制和巡查档案，规范长城保护员看护巡查要求，加大培训力度，充分发挥长城保护员的作用。各省级文物部门要积极争取将长城保护员经费纳入本级政府财政预算。

第三章 长城保护工程项目管理与监测

2014 年，国家文物局下发《长城保护维修工作指导意见》（以下简称《指导意见》），为进一步规范长城保护维修工程立项、勘察设计、施工及验收等相关工作提供了重要指导和遵循。按照《指导意见》中提出的"不改变文物原状"和"最小干预原则"，2017－2018 年的长城保护工程项目管理审批更加慎重，并通过开展长城保护维修专项技术规范研究，在工程实施中落实科学保护的理念和方法。2017－2018 年国家文物局长城保护维修项目和涉建项目审批情况，显示了近年长城保护项目的管理趋势，即国家和地方文物行政管理机构正在从事后审批逐步向事前预防转变。如国家文物局组织开展的汛期长城保护工程安全检查、长城监测试点等工作，以及有些地方开始探索通过长城日常养护及政策保障，加强长城预防性保护。

第一节 长城保护维修项目管理趋于严格

2017 年起，国家文物局进一步优化文物保护项目审批，立项与方案审批均有所变化。受此影响，长城保护项目管理方式也有所改变。2017－2018 年，长城保护维修项目与其他文物保护项目均由国家文物局集中审批计划，部分涉及重要长城点段的保护维修设计方案由国家文物局组织专业机构或专家评审。本报告数据主要涉及由国家文物局审批的长城立项计划和保护维修设计方案，为反映总体变化趋势，虽然与 2014－2016 年的统计数据存在一定的口径差异，也作为参考加以比较。

近年来，国家文物局综合长城文物价值、险情的轻重缓急及长城现状等，对全国重点文物保护单位的长城点段保护维修方案采取严格的行政审批程序，充分考虑项目的必要性和可行性进行立项，对设计理念不符合长城保护维修工程实施原则、保护维修方法缺乏考古等科学依据、对长城本体及其附存环境存在不利影响的方案不予通过审批。下面分别就长城保护维修项目立项计划和保护维修方案审批方面的总体情况进行分析。

一、长城保护维修项目立项审批情况

从整体上看，2017－2018 年全国长城保护维修项目申报立项数量有较大幅度增加，但立项计划通过率明显下降。2017－2018 年，长城沿线各地共向国家文物局申报长城保护维修项目立项计划 150 项，其中批复通过立项 31 项，通过率为 20.6%（表 3－1、图 3－1）。

表 3－1 2014－2018 年长城保护项目立项批复情况统计表[①]

年度	已通过	未通过	合计	通过率
2014 年	15	3	18	83.3%
2015 年	43	9	52	82.7%
2016 年	3	0	3	100.0%
2017 年	15	71	86	17.4%
2018 年	16	48	64	25.0%
总计	92	131	223	41.3%

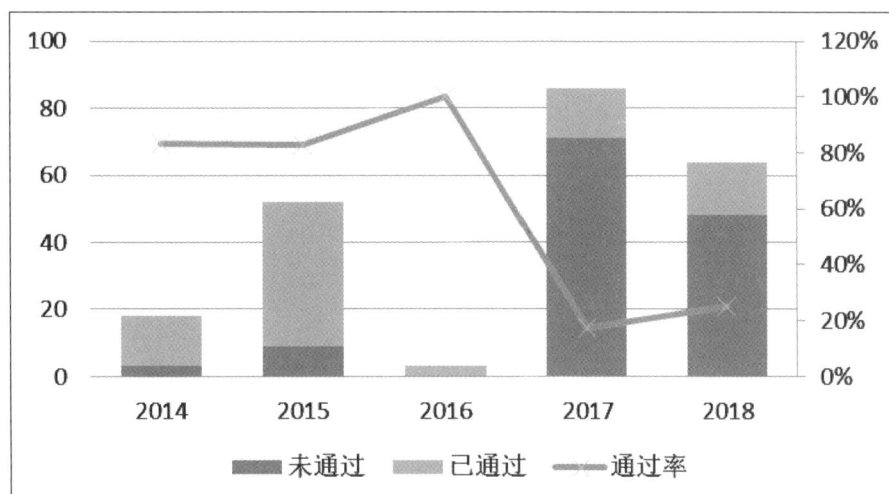

图 3－1 2014－2018 年长城保护项目立项批复情况统计

2017－2018 年，各地申报长城保护维修项目计划分别为 86 个和 64 个，远远高于前 3 年的平均数量（24 个）。2017－2018 年全国长城保护维修项目立项计划批复通过项目数量分别为 15 个和 16 个，与之前 3 年的平均批复通过项目数量（20 个）稍有下降。2017 年和 2018 年立项计划批复通过率分别

[①] 其中 2014－2016 年数据为国家文物局对长城保护维修工程立项报告的批复数量，通过国家文物局官方网站（http：//www.ncha.gov.cn/）公布的立项批复文件查询统计，2017－2018 年数据国家文物局对长城保护维修工程立项计划的批复数量，根据国家文物局文物保护与考古司年度全国重点文物单位保护项目（不含安消防）计划统计。

为 17.4% 和 25% 来看，远远低于之前 3 年的平均通过率（88.6%）。

从地域分布情况看，长城沿线各省立项计划批复情况差异较大。2017 - 2018 年，长城沿线 15 个省级区域中，有 9 个省份批准立项 1 - 7 个不等，辽宁、山西和天津等 3 个省市申报项目计划均未获得批准，另有黑龙江、吉林和河南 3 个省份未申报长城保护维修立项计划。在申报计划的 12 个省市区中，除北京和新疆计划通过率高于 80% 外，其他 6 个省区通过率在 14% 到 33% 之间，4 个省份通过低于 5%（表 3 - 2）。

表 3 - 2　长城沿线 2017 - 2018 年长城保护项目立项情况分区域统计表

行政区划	已通过	未通过	总计	通过率
甘肃	7	18	25	28.0%
内蒙	6	17	23	26.1%
宁夏	4	9	13	30.8%
陕西	4	8	12	33.3%
新疆	4	1	5	80.0%
河北	3	6	9	33.3%
北京	1	0	1	100.0%
青海	1	6	7	14.3%
山东	1	21	22	4.5%
辽宁	0	2	2	0.0%
山西	0	30	30	0.0%
天津	0	1	1	0.0%
总计	31	119	150	20.7%

下面结合 2014 - 2018 年立项批复，综合分析各地近 5 年长城保护维修项目立项计划批复情况（表 3 - 3）。

5 年间，甘肃、内蒙和宁夏等 3 省区累计通过立项计划超过 10 项，山东、陕西、新疆、北京、青海、河北、辽宁等 7 省市区累计通过立项在 4 - 9 项之间，吉林、山西累计批复立项在 1 - 2 项之间，且均在 2015 年之前批复，天津、黑龙江和河南近 5 年申报立项未获批准或未申报立项计划。

表 3 - 3　2014 - 2018 年长城沿线各省批复立项计划情况统计表①

行政区划	2014 年	2015 年	2016 年	2017 年	2018 年	总计
甘肃	2	9	0	3	4	18
内蒙	5	4	0	3	3	15

---

① 其中黑龙江、吉林、河南未申报。

续表

行政区划	2014 年	2015 年	2016 年	2017 年	2018 年	总计
宁夏	1	4	2	2	2	11
山东	1	7	0	1	0	9
陕西	0	3	0	3	1	7
新疆	0	3	0	0	4	7
北京	1	5	0	1	0	7
青海	1	4	0	0	1	6
河北	1	0	1	2	1	5
辽宁	2	2	0	0	0	4
山西	0	2	0	0	0	2
吉林	1	0	0	0	0	1
总计	15	43	3	15	16	92

从长城保护维修工程类型分析，2017 - 2018 年批复的主要项目类型为修缮项目，在 31 项通过立项的项目中有 24 项为修缮项目，占 2 年通过项目的 77.4% ；设置围栏等保护设施项目有 6 项，占近 2 年通过通过项目的 19.4% 。而往年较为主要的以突发性、临时性为特点的抢险加固类工程项目近 2 年申报数量很少（表 3 - 4），说明在国家文物局要求各地统一申报立项计划的过程中，各地对长城的保存现状进行了一定的评估，申报项目的计划性有所加强。

表 3 - 4 2017 - 2018 年批复情况按项目性质分类统计表①

工程性质	已通过	未通过	合计	通过率
修缮	24	111	135	17.8%
保护设施	6	1	7	85.7%
保护展示	1	2	3	33.3%
抢险加固	0	1	1	0.0%
信息化	0	1	1	0.0%
环境整治	0	1	1	0.0%
监测	0	2	2	0.0%
总计	31	119	150	20.7%

综合分析 2014 - 2016 年各地近 5 年长城保护维修项目批复情况，5 年批复通过的 92 个项目中，修缮项目 54 项、抢险加固项目 30 项、保护设施项目 6 项、载体保护和保护展示项目各 1 项

---

① 按照《长城保护维修工作指导意见》，长城保护维修工程分为保养维护工程、抢险加固工程、修缮工程、载体加固工程和保护性设施建设工程五种类型。另外申报项目还涉及保护展示、环境整治、监测和信息化等。

（表 3 – 5）。

表 3 – 5　2014 – 2018 年批复项目性质分类统计表

工程性质	已通过	未通过	总计	通过率
修缮	54	119	173	31.2%
抢险加固	30	3	33	90.9%
保护设施	6	1	7	85.7%
载体保护	1	0	1	100.0%
保护展示	1	3	4	25.0%
环境整治	0	1	1	0.0%
信息化	0	1	1	0.0%
监测	0	3	3	0.0%
总计	92	131	223	41.3%

综合 5 年批复率情况，各年抢险加固、保护设施和载体保护类项目批复通过率较高，修缮项目 2017 – 2018 年批复通过率较之前 3 年大幅下降，保护展示、环境整治、监测和信息化项目批复通过率普遍较低。

2017 年，国家文物局进一步优化了文物保护项目审批。包括长城在内的国保单位保护维修项目须先通过立项评审再进行方案编制。通过集中立项评审，一方面有利于提前掌握下一年度长城保护维修的需求，加强了项目的总体统筹；另一方面，对拟开展的保护维修项目的必要性进行评估，可在立项阶段就对保护维修方案编制提出专业性建议，对提升方案编制的科学性具有重要作用。尤其是保护项目年度计划批复文件将明确项目的名称、工程性质、实施范围、工程分期、工程技术要求、工程经费估算等内容，暂不同意列入年度计划的项目也将提出后续工作的建议，有力指导了各省编制保护方案的针对性，从项目管理机制上提升了长城保护维修技术方案编制的效率和质量。

二、上报国家文物局保护维修方案审批情况

2017 – 2018 年，由国家文物局审批的长城保护维修方案共计 76 项，其中批复通过 36 项，未通过 40 项。与之前 2014 – 2016 年 3 年情况相比，2016 – 2017 年由国家文物局审批方案数量较多，但批复通过率较低，2018 年的审批方案数量减少，批复通过率回升（表 3 – 6、图 3 – 2）。

表 3 – 6　2014 – 2018 年国家文物局审批长城维修方案情况统计表

年度	已通过	未通过	总计	通过率
2014 年	22	2	24	91.7%

年度	已通过	未通过	总计	通过率
2015 年	15	3	18	83.3%
2016 年	31	24	55	56.4%
2017 年	18	34	52	34.6%
2018 年	18	6	24	75.0%
总计	104	69	173	60.1%

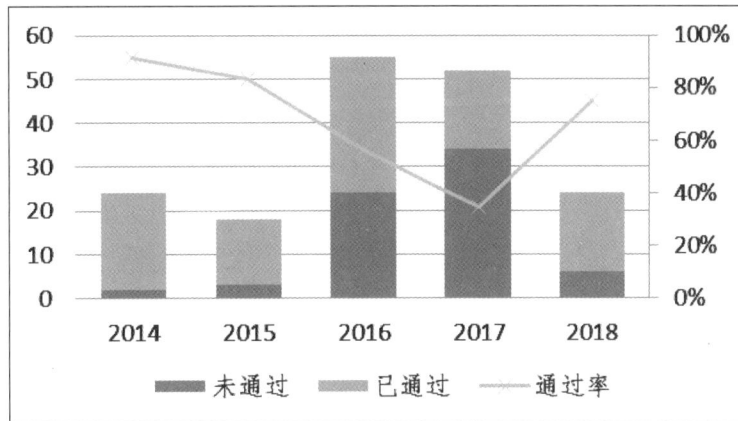

图 3 - 2 2014 - 2018 年长城保护方法批复情况示意图

从各省批复情况来看，2017 - 2018 年北京和宁夏上报国家文物局长城保护维修设计方案最多，批复通过的方案数量也最多，两地上报项目方案总数和通过数量均占全国近半数。另有 10 个省份有 1 - 3 个长城维修方案获得批复通过，还有吉林、河南和天津三个省份没有申报保护维修方案。

表 3 - 7 2017 - 2018 年国家文物局审批长城维修方案地区分布统计表

行政区划	已通过	未通过	合计	通过率
北京	11	11	22	50.0%
宁夏	9	5	14	64.3%
青海	3	2	5	60.0%
新疆	3	3	6	50.0%
山东	2	3	5	40.0%
陕西	2	2	4	50.0%
山西	1	1	2	50.0%
甘肃	1	2	3	33.3%
辽宁	1	2	3	33.3%
河北	1	2	3	33.3%

续表

行政区划	已通过	未通过	合计	通过率
黑龙江	1	1	2	50.0%
内蒙	1	6	7	14.3%
合计	36	40	76	47.4%

综合 2014–2018 年 5 年间国家文物局批复各省通过长城保护维修方案数量情况来看，2016 年批复通过方案数量最多，达到 31 项，以后有较大幅度下降，2017–2018 年均为 18 项。从各地批复通过方案数量来看，北京、宁夏、陕西 5 年累计审批数量最多，超过 10 项，6 个省份 5 年累计数量在 6–9 项，黑龙江、吉林、内蒙等 3 个省份 5 年累计批复通过项目方案 1–2 项，另外河南、天津 5 年未报国家文物局审批项目方案。

表 3－8 各省长城保护维修工程设计方案通过数量统计表

行政区划	2014 年	2015 年	2016 年	2017 年	2018 年	总计
北京	9	1	5	2	9	26
宁夏	0	2	4	6	3	15
陕西	0	1	7	2	0	10
山东	1	2	4	2	0	9
河北	4	2	2	0	1	9
甘肃	1	2	4	0	1	8
青海	2	1	1	0	3	7
辽宁	1	4	1	1	0	7
新疆	2	0	1	3	0	6
山西	0	0	2	1	0	3
内蒙	1	0	0	0	1	2
吉林	1	0	0	0	0	1
黑龙江	0	0	0	1	0	1
总计	22	15	31	18	18	104

从保护维修项目方案类型情况分析，2017–2018 年国家文物局审批通过的长城保护维修工程方案主要包括修缮、抢险加固和保护设施三类，安消防、载体保护等类型无方案通过审批（表 3–9）。

表 3－9 2017–2018 年长城保护维修方案类型批复统计表

工程性质	已通过	未通过	总计	通过率
修缮	14	27	41	34.1%
抢险加固	16	8	24	66.7%

续表

工程性质	已通过	未通过	总计	通过率
保护设施	6	2	8	75.0%
载体保护	0	1	1	0.0%
安消防	0	1	1	0.0%
保护展示	0	1	1	0.0%
总计	36	40	76	47.4%

综合 2014－2018 年各类长城维修项目方案批复情况，5 年累计批复通过修缮项目 49 项、抢险加固项目 43 项，保护设施项目 8 项，安消防项目 4 项。其中修缮项目数量基本呈逐年下降趋势，抢险加固项目除 2016－2017 年有所上升外，其余年度基本保持在 5－8 个（表 3－10）。

表 3－10　2014－2018 年批复通过长城保护维修方案工程性质统计表

工程性质	2014 年	2015 年	2016 年	2017 年	2018 年	总计
修缮	14	9	12	7	7	49
抢险加固	8	5	14	10	6	43
保护设施	0	1	1	1	5	8
安消防	0	0	4	0	0	4
总计	22	15	31	18	18	104

2017－2018 年，国家文物局批复通过的长城保护维修方案涉及墙体约 36.9 千米，烽火台 26 座，关堡 18 座，敌台 36 座。与之前 2014－2016 年相比，烽火台、关堡、敌台、马面维修数量大幅减少。

表 3－11　2017－2018 批复通过方案长城遗存数量统计表

年度	墙体（千米）	关堡（座）	烽火台（座）	敌台（座）	马面（座）
2014 年	26.7	13	85	67	9
2015 年	8	4	5	16	0
2016 年	26.785	22	14	27	11
2017 年	16.8	10	26	17	0
2018 年	20.1	8	0	19	0
总计	98.385	57	130	146	20

2016 年，长城保护维修工程出现的负面舆情使得国家文物局对长城保护维修方案的审批更加严格，2017 年方案审批通过率较往年有明显下降。2017 年开始，经国家文物局批复同意列入年度计划的文物保护项目，除国家文物局另有要求外，其余项目技术方案均按照属地化管理的职责要求委托省级文物行政部门审批。国家文物局在立项阶段就对各省上报的项目计划进行评估，对于价值重大、知名

度较高、保护难度大的长城保护维修项目则要求各省区市向国家文物局提交保护技术方案，经审批同意后方可实施。这一审批原则在给与地方充分自主权的同时，又能够有重点地做好重大保护维修项目的质量控制。

长城保护维修项目实施中，以科学研究为先导，针对长城形制、材料等不同特点，进行维修材料和方法试验科学研究，依据考古勘察证据，在尊重传统工艺做法的基础上合理运用现代技术，在长城的现状维修、结构加固等方面总结出大量行之有效的保护维修方法和经验。

2017 年，在遵循《中国文物古迹保护准则》《长城保护维修工作指导意见》等技术标准规范的基础上，长城保护维修工程项目在实施中更加注重考古对长城保护维修措施的支撑作用，箭扣等保护维修项目在体制机制方面进行了有益的探索和实践。（见第五章第一节）。部分作为居民生活场所或旅游展示的长城关堡保护维修项目中，设计和施工方在符合行业标准规范、尊重长城历史风貌的同时，充分考虑周边居民和开放利用的利益诉求，设计方案编制和现场施工紧密结合，达到维修效果的同时注重文物保护惠及社区居民的做法也得到了社会的关注和好评。

案例 3-1　十大全国优秀文物维修工程—明长城建安堡保护加固工程①

2017 年 4 月 18 日，由中国古迹遗址保护协会和中国文物报社主办的"第三届全国优秀文物维修工程"评选推介活动经过终评，陕西明长城建安堡保护加固工程入选十大工程奖。该工程还于 2016 年被中国文物保护基金会评为"中国文物保护示范工程"。

2013 年建安堡保护加固工程开始实施，历时三年完工。在实施过程中始终秉承"本体抢险加固，消除安全隐患"的维修目标，遵守不改变文物原状和最小干预的原则，保持长城的原形制、原结构，优先使用原材料、传统工艺进行长城保护维修，妥善保护了明长城建安堡的真实性、完整性和沧桑古朴的历史环境风貌。评选专家对该工程保护维修效果、工程中的技术探索及文物保护惠民表示一致认可。②

建安堡位于陕西省榆林市榆阳区大河塔乡建安堡村，建于明成化年间，属"三十六营堡"之一。历经几百年的风雨侵蚀，各种自然因素和人为因素都对建安堡遗址产生了不同程度的破坏，保护加固前遗址保存欠佳，包括冲沟、掏蚀、坍塌、裂隙发育、生物破坏和人为破坏等主要病害，部分遗址墙体甚至出现坍塌或濒临坍塌等现象，严重影响了遗址的结构安全，亟需采取保护措施。

---

① 本案例由陕西省文物保护工程有限公司提供。
② 中国社会科学网，http://www.cssn.cn/kgx/kgdt/201704/t20170420_3493375.shtml

图 3 - 3　建安堡风貌

　　为有效保护明长城建安堡遗址，2010 年 3 月榆林市文物局委托设计单位编制保护方案，2011 年 3 月陕西省文化遗产研究院联合西北大学文化遗产保护规划中心完成了工程方案设计，同年 4 月获得国家文物局的批复（文物保函〔2011〕545 号）。工程于 2013 年 9 月开工，陕西省文物保护工程有限公司联合相关专业单位先行组织开展考古工作和工程试验，2014 年 5 月完成项目前期考古工作和工程试验后，开始保护加固维修工作；该工程由延安中安工程建设监理有限公司监理。2015 年 8 月工程竣工，通过了陕西省文物局组织的专家验收。

　　考古工作为保护工程提供了重要依据。由于原来缺乏建安堡遗址系统、完整的考古数据，为了解遗址的形制、结构和内涵，制定出科学的保护维修施工方案，维修前施工单位委托榆林市考古工作队对遗址开展考古勘探工作。考古人员查阅收集相关文献资料，严格按照《田野考古工作规程》的操作规范，采用梅花状布孔进行勘探，结合局部开挖小探沟法，基本探明了建安堡遗址的城垣底宽、角楼、城门及瓮城的构筑方法、形制和尺寸等情况，并安排专人现场记录、测绘、照相，根据考古成果编制了《榆林市榆阳区建安堡考古勘探报告》，为建安堡的保护工作提供了科学、翔实的考古资料。维修过程中考古人员全程介入，防止对遗址的破坏和遗址考古信息的流失，确保了维修过程中历史文化信息的真实性和完整性。

图 3－4　北瓮城维修前后对比（上－维修前；下－维修后）

图 3－5　考古勘探出的城垣基础和夯层

试验探索"原材料、原工艺"。为了最大程度满足"原材料、原工艺"的维修要求，该工程在实施过程中与长安大学建筑工程学院展开深入合作，对维修主材进行了大量的室内实验和现场试验，先后开展了土源实验、土坯实验、裂隙注浆试验、锚杆锚固试验等工作，对遗址本体土样、修复土样以及修复土坯的各项物理、力学性能指标进行测试研究，保证工程材料、工序在施工前都达到合格标准，确保维修材料的各项指标最大程度与原遗址接近。

图 3-6　现场传统人工夯筑试验

基于考古和科学试验下的精细化施工。明长城建安堡保护加固工程秉承传统工艺，主要以补砌、夯筑、回填、灌浆、封护等物理措施对遗址病害进行治理，同时与考古工作和工程试验紧密结合，较为完整的保护了长城遗存的真实性、完整性和延续性。（1）植被清理：清理遗址墙体及周边生长根系发达的植被，防止其进一步破坏遗址本体，并对清理后的残留孔洞进行修补，对根系短小的植被予以保留。（2）人工夯筑：对遗址墙体、墙顶的豁口、大型冲沟等采用人工夯筑的办法加固。夯筑采用传统的椽夯工艺，人工分层夯筑，夯层厚度与原遗址一致，补夯基础部分在考古人员的指导下清理至原遗址夯层。（3）土坯补砌：对不具备人工夯筑条件的墙体、墙顶的豁口、小型冲沟及窑洞等，采用人工制作土坯进行补砌。整个土坯的制作过程从筛土、拌合、夯实、砸边到阴干等共计 12 道工序，均采用传统工艺人工制作。（4）顶面防护：为提高遗址墙体顶部抗雨蚀能力，对墙体顶部汇水面积较大的地方用灰土填补凹洼处，使雨水从城墙两侧自然排出；对于顶面汇水面积较小的遗址墙体，只对裂隙、孔洞进行封堵，不做过多干预，保持遗址原貌。（5）裂隙修补：对遗址墙体上的裂缝用黄泥封堵，大型裂隙用遗址坍塌土块填补后采用注浆方法进行修补，以防止裂缝中渗入雨水导致裂隙进一步发育。（6）城门洞修复：采用传统掏补、剔补等工艺，对东、南城门洞进行维修，维修时对遗址周边 5 公里范围内保存较好的原城砖、条石进行收集，最大程度使用原材料。

设计施工的动态调整。该工程自勘察设计到工程实施历时四年，因时间跨度较大，遗址本体及周边环境发生一定程度变化，所以需根据实际情况随时对保护维修方案进行调整，以利于保护工程顺利实施。在建安堡遗址保护维修工程实施期间，设计工作从未间断。施工单位现场发现问题，及时指出，并提出合理化建议，经建设、设计、施工、监理单位现场反复讨论，达成一致意见。建安堡保护加固工程始终坚持"动态设计、动态施工"，由于设计和施工之间有效地衔接配合，实现了保护工程措施的科学化、合理化。

图 3－7　建设、设计、施工、监理单位现场讨论

社区互动惠民理念下收获良好的社会效益。对于建安堡村民日常使用的东、南城门洞，在考古工作前提下进行了局部修复，既保证了文物和人员安全，又满足村民日常使用，项目完成后不仅提高了村民出入的安全性，也有利于村民开展民宿、农家乐等旅游活动提高村民收入，充分体现了文化遗产

保护成果惠民原则。尤其是工程实施过程中,项目组通过对村民宣传教育,调动了村民保护长城遗址的积极性,村民不仅积极参与保护工程,归还了从遗址上拆下的城砖,搬离在长城墙体上掏挖的窑洞,还自发修建围栏防止其他村庄居民从遗址上取土。随着保护意识的提高,当地群众成立了义务长城保护队伍,自觉参与到建安堡的日常管护工作中,保障了遗址的安全,对营造"保护长城、人人有责"的良好社会氛围具有积极意义。

图 3-8 东城门洞维修前后对比(左-维修前;右-维修后)

图 3-9 东城门维修前后对比(左-维修前;右-维修后)

第二节 长城涉建压力持续高位,管理力度不断加强

2017-2018 年,国家文物局共审批长城涉建项目 79 项,其中批复通过 55 项,未通过 24 项,通过率为 69.6%。综合 2014-2018 年 5 年情况,自 2016 年起,长城涉建项目申报审批数量与之前相比有较大幅度上升,批复通过率有所下降(表 3-12、图 3-3)。国家文物局对涉建项目审批更加严格,管理工作得到加强。

表 3 – 12　2014 – 2018 年长城涉建项目方案审批统计表

年度	已通过	未通过	总计	通过率
2014 年	6	0	6	100.0%
2015 年	21	1	22	95.5%
2016 年	44	4	48	91.7%
2017 年	31	11	42	73.8%
2018 年	24	13	37	64.9%
总计	126	29	155	81.3%

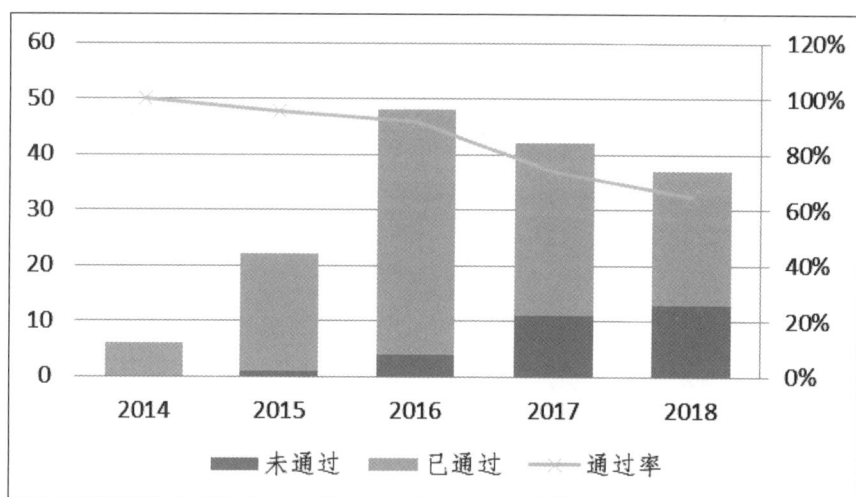

图 3 – 10　2014 – 2018 年长城涉建项目批复情况示意图

　　从地域来看，2017 – 2018 年共有 10 个省的 55 项长城涉建项目获得批准，陕西涉建项目数量最多，达 11 项，占到全国五分之一。综合 2014 – 2018 年情况比较，河北、甘肃、陕西、山西、山东、内蒙古、宁夏、北京等 8 个省份上报涉及长城建设项目 5 年累计超过 10 项，4 个省份上报审批涉建项目 5 年累计 1 – 3 个之间，黑龙江、天津、河南 5 年无涉建项目上报（表 3 – 13）。

表 3 – 13　各省上报长城涉建项目数量统计表

行政区划	2014 年	2015 年	2016 年	2017 年	2018 年	总计
河北	1	4	9	7	6	27
甘肃	0	4	9	5	7	25
陕西	0	3	2	8	6	19
山西	0	5	8	3	1	17
山东	1	3	8	1	3	16
内蒙	0	1	4	6	5	16
宁夏	2	1	2	7	3	15

续表

行政区划	2014 年	2015 年	2016 年	2017 年	2018 年	总计
北京	1	0	3	5	3	12
吉林	0	0	2	0	1	3
河南	1	1	0	0	0	2
青海	0	0	0	0	2	2
辽宁	0	0	1	0	0	1
总计	6	22	48	42	37	155

近 5 年来，梳理各地申报的长城涉建项目，按其性质可分为基础设施项目、旅游项目、城乡建设项目、文物保护工程配套项目和采矿项目等五类（表 3 - 14）。

表 3 - 14　长城涉建项目工程性质分类表

工程性质	说明
基础设施项目	交通（公路、铁路）、通讯（电线）、输气管线等
旅游项目	与文物保护展示无关的休闲度假项目、旅游道路等旅游服务设施
城市城乡建设	城乡供水、垃圾处理、学校、住宅等项目
文物保护工程配套项目	与文物保护展示相关的配套服务设施项目
采矿项目	煤矿井田、矿井等

在国家文物局批复同意的涉建项目性质分类中，2017 - 2018 年基础设施类项目数量占到绝大部分，这种状况与以往年份的状况一样，说明长城面临的基础设施建设压力最大。

表 3 - 15　2014 - 2018 年批复通过长城涉建项目性质统计表

工程性质	2014 年	2015 年	2016 年	2017 年	2018 年	总计
基础设施	5	19	40	28	16	108
城市建设	1	2	2	1	6	12
旅游项目	0	0	1	1	1	3
文物保护工程配套项目	0	0	0	1	1	2
采矿	0	0	1	0	0	1
合计	6	21	44	31	24	126

从各类长城涉建项目批复通过率来看，基础设施类涉建项目总体通过率最高，城市建设类项目其次，而旅游项目最低。这反映了国家文物局对长城涉建项目的批复中，以满足必须的社会经济建设需求为主导。

表 3 – 16　2014 – 2018 年长城涉建项目性质批复通过率统计表

工程性质	2014 年	2015 年	2016 年	2017 年	2018 年	平均通过率
基础设施	100.0%	95.0%	93.0%	84.8%	66.7%	87.9%
城市建设	100.0%	100.0%	100.0%	25.0%	85.7%	82.1%
旅游项目	—	—	50.0%	50.0%	25.0%	41.7%
文物保护工程配套项目	—	—	—	50.0%	50.0%	50.0%
采矿	—	—	100.0%	0.0%	—	100.0%

对长城建设项目涉及的范围进行初步分析，2017 – 2018 年涉及保护范围的建设项目较 2014 – 2016 年期间呈下降趋势，涉及保护范围和建设控制地带的项目数量增加较多。综合来看，2014 – 2018 年，长城涉及保护区划的建设项目审批通过数量达到了 119 项，其中涉及保护范围的 85 项，建设控制地带的 18 项，保护范围和建设控制地带的 18 项（图 3 – 11）。

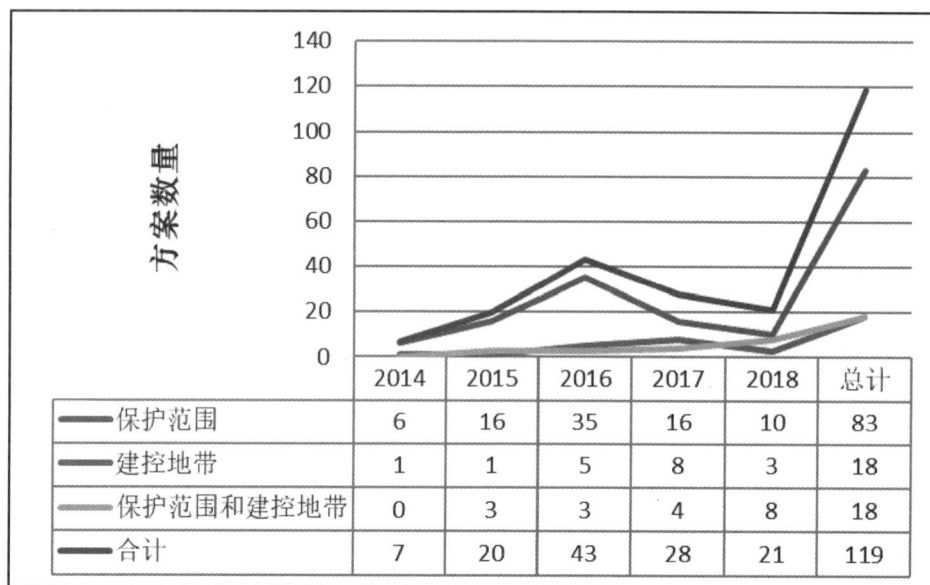

图 3 – 11　长城涉建项目工程实施范围示意图

第三节　预防性保护和监测探索制度创新和技术应用

近年来，文化遗产监测工作得到各级文物行政管理部门、遗产地管理机构的日益重视。2017 – 2018 年，长城保护进一步从"修"转变为采取一系列管理措施加强"预防性保护"，着力防范风险的发生与发展，取得了一定成效。国家文物局及长城沿线文物部门开展了险情排查、长城综合监测等工作。以世界文化遗产地为代表的监测在体系建设、手段方法等方面进行了深入的实践。作为世界遗产地的八达岭、山海关、嘉峪关按照中国世界文化遗产监测的要求开展了监测年报的填报工作，并结合自身需求利用技术手段开展工作，取得了显著成效。2017－2018年，长城监测工作除了个别的"世界遗产地监测"，还与保护工程、日常养护等相结合，对预防性保护理念的实践更加深入和广泛。例如，以安全排查的方式，使濒危的长城点段在保护维修方案审批前能够得到必要的临时加固，避免突发状况下遭受损毁，也为科学编制保护技术方案提供了重要支撑。按照《文物保护工程管理办法》，保养维护工程由文物使用单位列入每年的工作计划和经费预算。然而，作为长城使用单位的基层文物保护机构经费有限，长城日常养护费用不足的问题突出。2017年，河北省文物局将长城保养维护项目纳入省级财政专项补助经费范围，"花小钱、办大事"，通过加强日常养护对有可能发展造成损毁的安全隐患进行了及时干预。

一、汛期安全排查

2018年汛期之前，国家文物局下发《关于做好汛期长城险情隐患排查和保护工作的通知》①，要求长城沿线各地增强防灾、减灾意识，全面排查长城险情，及时采取临时性加固措施。

根据通知精神，长城沿线各省（自治区、直辖市）对长城险情进行了全面排查，其中甘肃、内蒙、宁夏、青海、山西、陕西六个省区各地向国家文物局上报长城险情共计279处。（图3－6）

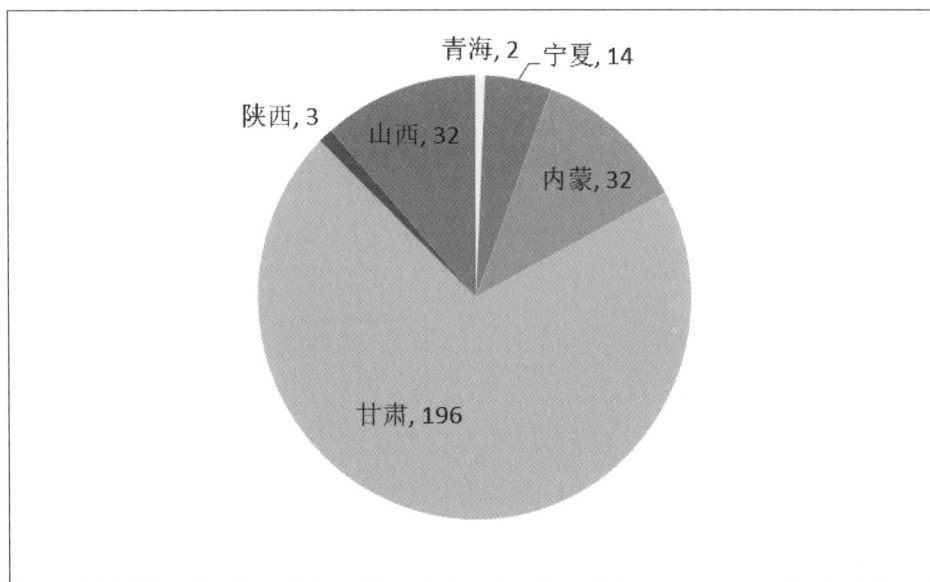

图3－12　2018年长城汛期排查各省上报险情数量示意图

国家文物局委托中国文化遗产研究院组织专家，对甘肃、内蒙、宁夏等几个上报险情较为集中的

---

① 国家文物局办保函〔2018〕668号。

省区的 30 余处长城点段开展了现场检查和评估。通过开展此项工作，调研存在安全隐患和亟需抢险的长城点段总体情况和长城险情影响因素，提高长城抢险加固和保护维修项目安排的科学性，总结各级文物行政主管部门和长城管理使用机构在防灾减灾方面的经验和问题，加强长城预防性保护工作。

在现场检查和评估中，发现一些地方加强基础工作和日常检查巡查，将防灾减灾、预防性保护工作做在前面。例如，长城保护员在日常巡查工作中及时发现并上报了大量险情隐患。又如，自然灾害导致的长城本体损毁大多与周边人为因素密切相关，多数情况由于周边修路、耕种、取土、居住等原因导致基础失稳、地下水环境恶化等。针对这类情况，一些地方加大了周边环境治理和防护设施建设。例如，甘肃省临泽县板桥镇土桥村的明沙堡当地政府于 2017 年投入近百万元，将堡内私搭乱建建筑清退，租用保护范围内的农地，并修建了保护性围栏，防止农业活动对本体产生进一步破坏。

另外，在现场检查和评估中还发现各地普遍缺乏对长城点段进行系统科学的监测和记录，难以提供长城险情发生的时间进程；个别险情是在实施保护维修工程之后发生，缺乏工程措施的跟踪监测评估；险情隐患发现、发生和抢险过程中忽视考古工作的跟进，错失科学提取长城历史信息的宝贵机会等。

通过长城险情排查和评估工作，基本掌握了长城安全隐患、抢险需求，对长城预防性保护工作有了基础性、综合性和系统性地认识。

二、保障实施日常养护项目

长期以来，由于"属地管理"体制，长城日常保养维护工作如小规模破损的临时支补，积水积雪的排除清扫，植被杂草的及时清理等，主要由基层文物保护管理机构承担。长城线长、点多，日常保护维护工作量十分庞杂，又要求一定的专业技术条件，即使经济发达地区的基层文物管理机构都很难保障足够的人力和资金定期开展相关工作。微小病害长期累积是长城产生险情和发生重大损毁的主要成因之一，不及时防治必然导致长城险情不断。然而现行中央和大多省级财政文物保护专项经费管理办法，大部分只能针对已发生长城险情或病害严重长城点段开展抢险、修缮工程，且必须经过立项、勘察、设计、招投标、施工等一系列复杂的经费申请流程，耗时长、成本高，往往抢险赶不上危险的发生发展。

长城日常养护的重要性日益受到各级文物部门重视，一些地方已经开始有益探索，着力于调整配套政策并加以落实，切实推动长城向预防性保护转变。

河北省总结长城保护维修工程的经验，调整工作思路，近年来有意识地将长城抢险项目、保养维护项目列为长城保护的方向和重点。特别值得提倡的是，河北省文物局积极与省财政部门协商，将长城日常保养维护纳入河北省文物保护专项经费的支持范围，改变从国家到大多数地方的文物保护专项财政经费只能用于大型文物修缮项目的惯例（案例 3－2）。

河北省文物局通过与财政部门协商，制定相应管理办法，一方面对基层文物保护管理机构提供长城日常保养维护工作的经费支持，同时加强资金使用管理。"省文物局负责配合省财政厅制订或修订专项资金管理办法，编制年度预算安排计划；负责项目库的管理，组织专项资金项目申报、审核工作。按绩效预算管理改革的要求，编制部门项目绩效预算，制定项目绩效目标和绩效指标，对专项资金使用情况进行自查及绩效评价"①，确保保养维护工作的质量和资金使用效果，对预防性保护制度进行了有益的探索和创新。

案例 3–2　河北长城保养维护—"花小钱办大事"②

近年来，河北在开展长城保护维修项目中不断总结经验，严格控制现状整修项目实施中对长城本体现状的干预程度，有意识地将长城抢险、保养维护列为长城保护的方向和重点，鼓励开展抢险和养护清理等预防性保护项目的实施。

强化"最小干预"，保护长城的历史文化价值。近两年，河北省文物局有计划地推进秦皇岛市境内明长城的清理养护，重点排除现状险情，消除结构安全隐患，同时采取适度清理地面、清除杂草树木、疏通排水、支护悬空体等措施及时控制险情发展，通过对微小隐患进行提前干预避免了"小毛病"累积形成损毁，不得不实施保护维修工程的情况。实践证明，这种"花小钱、办大事"的做法，对于保持长城的历史文化价值和景观风貌起到了重要作用，收到了良好成效。

图 3–13　秦皇岛长城敌台清理保护前后对比（左－清理前；右－清理后）（河北省文物局供图）

争取相应政策，保障保养维护制度化。2017 年 9 月，河北省财政厅、河北省文物局联合修订、印发《河北省文物保护专项补助资金管理办法》③，将专项资金的补助范围扩大到世界文化遗产的日常养

---

① 冀财教【2017】134 号，第十一条，http：//czt. hebei. gov. cn/root17/zfxx/201710/t20171009_267821. html。
② 本案例由河北省文物局原总工程师刘智敏提供。
③ 冀财教【2017】134 号。http：//czt. hebei. gov. cn/root17/zfxx/201710/t20171009_267821. html。

图 3-14　张家口马水口长城烽火台清理前后对比（左-清理前；右-清理后）（河北省文物局供图）

护工作。专项资金的补助范围主要包括"文物保护单位保护。主要用于河北省公布属于文物保护单位的维修、保护与展示，包括：保护规划和方案编制，文物本体维修保护，安防、消防、防雷等保护性设施建设，陈列展示，数字化保护，预防性保护，大遗址保护管理体系建设及世界文化遗产监测管理体系建设、应急性文物保护项目、日常养护等"。据此，长城保护项目纳入省级财政专项补助经费范围。按照该《办法》，日常养护属"文物维修保护工程"类支出，"文物维修保护工程支出，主要包括勘探费、规划及方案设计费、材料费、燃料动力费、设备费、施工费、监理费、劳务费、测试化验加工费、管理费以及资料整理和报告出版费等。"2017 年 11 月，河北省文物局与河北省财政厅联合印发《关于河北省长城保护项目政府采购方式的通知》[①]，按照长城保护项目的特殊要求，决定全省统一采取竞争性磋商方式采购。要求采购人按照《政府采购法》等要求组织编制竞争性磋商文件。采用竞争性磋商的政府采购方式减少了招投标等环节，为包括日常养护在内的长城保护项目争取了时间。保养维护项目与保护维修项目最大的区别在于对长城本体干预性小，局部修补、清理、支护等措施的工程量小，工期短，不需要深入的勘察设计。据测算，一个长城保护项目的设计经费可以清理几个烽火台。因此，河北省文物部门针对长城保养维护项目的特点，取消此类项目的勘察设计，大大节省经费的同时达到了省时的效果。

三、长城监测技术应用探索

近年来，监测作为提升文化遗产保护管理水平的重要手段也越来越多地被遗产地所应用并取得了一定的成效。

2017-2018 年，各级各地文物部门和研究机构通过建立监测预警平台，采用无人机、便携式移动

---

① 冀文物发〔2017〕301 号。http：//wenwu. hebei. gov. cn/staticPath/site001_html/% E6% 94% BF% E5% 8A% A1% E5% 85% AC% E5% BC% 80% E8% A7% 84% E5% AE% 9A/20171130/000026. html。

设备，安装前端监测设备，卫星影像对比，开发手机 APP 等开展了大量的监测实践，为系统开展长城监测进行了有益地经验探索。

2017 年，国家文物局委托中国文化遗产研究院开展《长城监测体系建设研究及试点项目》，选择河北崇礼、宣化、甘肃敦煌、嘉峪关部分长城作为试点区域，购置高分辨遥感影像，并对其进行处理加工，提取监测范围内影像变化信息，同时结合利用移动端、无人机巡查等技术，完成长城试点监测技术研究和分析。通过试点对遥感、无人机技术在长城监测中的应用优劣进行了评估，并提出了各类监测技术的应用范围。

2017－2018 年，中国文化遗产研究院支持开展长城综合监测技术应用研究。[1] 在宏观大尺度层面，采用星雷达干涉数据以金塔县、青铜峡市和张家口崇礼区明长城异常形变监测为突破口进行试点，证明了雷达干涉技术具有可在事发之前发现长城病害情况的优势，尤其是可应用于监测长城周边因人工活动（矿物和地下水开采）和山体滑坡等地质灾害导致的异常地表形变，进而可指导规范作业，降低并防范自然灾害对长城本体的破坏。在微观层面，为满足长城日常监测需要，中国文化遗产研究院与国信司南（北京）地理信息技术有限公司合作研发了"长城漫步"[2]（长城监测巡检系统）并上线试运行。该系统集成了长城电子地图，实现长城影像、文字记录等监测数据周期性采集、数据可视化、统计分析功能，基于现有文物保护管理原则、制度和条件，针对当前文物保护专业力量薄弱的特点，考虑基层长城保护员业务能力整体情况进行开发。目的是辅助各级文物行政部门和长城保护管理机构专业人员、长城保护员开展人工巡查工作，由他们定期采集多种长城监测数据，同时在技术上实现对巡查工作的有效监管。

除国家文物局统筹开展的监测工作外，各地也开展了长城监测技术应用工作。例如，2018 年河南省采取政府购买社会服务的方式[3]，租用无人机对包括战国长城遗址在内的全省 22 处大遗址、国家考古遗址公园等共计 35 处重要文物资源每月进行两次飞行巡护。

四、长城世界遗产地监测

目前长城沿线有山海关、嘉峪关、八达岭三处长城点段纳入了中国世界遗产监测预警体系，并按照《中国世界文化遗产地监测年度报告》的内容向中国世界遗产监测预警总平台（以下简称"总平台"）提交年度监测报告。三处长城遗产地中仅有嘉峪关建立了监测预警管理平台并于 2014 年投入使

---

[1]　中国文化遗产研究院 2018 年度专项业务费课题，《重大文化遗产地综合保护与利用研究—以长城为例》，委托中国科学院遥感与数字地球研究所开展《明长城监测试点县域雷达遥感监测》项目，委托国信司南（北京）地理信息技术有限公司《长城巡检系统开发与维护》。

[2]　http：//ipad. geo－compass. com/changcheng/Android/app. html。

[3]　http：//collection. sina. com. cn/yjjj/2018－11－05/doc－ihnknmqx0334053. shtml。

用，但尚未与总平台对接。

2017－2018 年，山海关、嘉峪关、八达岭 3 处长城世界遗产地通过中国世界文化遗产监测预警总平台提交了年度监测报告①。报告按照总平台提供的模板，系统梳理了遗产地保护管理机构、遗产本体保护、保护管理体系等工作，并对监测工作进行了评估。近两年来，3 处长城世界遗产地结合自身保护管理条件，利用人工和设备、监测系统平台等各类手段，系统开展长城病害调查。有的还针对性地开展监测研究，制定出台了监测技术规范。监测工作为长城保护管理决策提供了重要支持，监测对长城保护管理水平的提升作用正在逐步彰显。

山海关，2017 年在持续推进"十三五"重点工程项目进程的同时兼顾做好其他抢救性修缮及日常维修工程；在满足外观要求和用电限制的前提下，在铁门关长城两侧架设监控设备；通过人工观察对沉降、植物病害、构件材料风化等病害进行持续记录和观测。2018 年，强化文物保护措施，实施对部分长城段落全方位的监测工作，在关城东罗城区域安装监控防盗系统，人防与技防相结合，加强了对破坏长城不法行为的威慑和打击；在现有长城保护管理机构的基础上设置专职监测部门，负责文物修缮中历史、实时资料搜集，指导文物景区内设布展工作，开展文物安全检查工作；通过无人机拍摄记录长城现状，用于长城固定段落的对比，进行影像监测。

嘉峪关，2017 年在系统监测的基础上，通过各类前端监测设备发现嘉峪关关城东闸门、光化楼、西罗城南段存在盐霜、裂隙、沉降等病害，为及时采取保护措施提供了重要依据。同时，与天津大学等科研院校合作开展《嘉峪关世界文化遗产监测系统工程（二期）嘉峪关夯土遗址风险监测与防控关键技术研究与示范》、《嘉峪关世界文化遗产监测系统工程（二期）嘉峪关木构城楼现状分析与状态评估研究》、《嘉峪关世界文化遗产监测系统工程（二期）嘉峪关历史文献档案收集整理与营建史、修缮史研究》等课题研究。2018 年，组织了嘉峪关城楼三维激光扫描建模、嘉峪关木构城楼现状结构分析与状态评估、嘉峪关夯土遗址病害监测等专题培训，并积极开展《嘉峪关长城夯土墙体保护研究》和《嘉峪关土遗址病害调研及保护与监测技术研究》等一系列长城监测专题研究。研究制定了《便携式仪器管理使用规定》、《关城机房安全制度》、《关城监测站机房管理制度》、《关城监测站监测流程》等工作制度，以及《野外夯土长城监测流程》和《野外夯土长城监测指标》用于实际指导嘉峪关长城的日常和专项监测。

八达岭，2017 年根据景区巡查制度，指派专人对长城本体和建设控制地带实行定期检查和重点日查。一年来，共巡查 350 余次，共更换磨损严重的地面砖 500 余块、松动封顶砖 90 块，维修与安装铁门 6 个，巡查中发现有碍文物安全和建控范围内私搭乱建的行为，及时制止并上报，使文物得到有效保护。

综合三地旅游情况，通过改善服务设施，提高旅游管理，2017－2018 年旅游人数保持增长（表 3－

---

① 2018 年，八达岭未提交监测年报。

17）。长城旅游给周边居民提供了大量就业机会，山海关和嘉峪关景区均有 300 人左右的当地居民参与相关保护管理工作和经营活动。

表 3-17　三地 2017-2018 年长城遗产地旅游人数统计表

单位：万

遗产地	八达岭	山海关	嘉峪关
2017 年	932.4	295.5	146.0
2018 年	990①	383.8	146.0

第四节　长城维修引发公众热议　理念方法亟待探索完善

2017 年，正值长城列入《世界遗产名录》30 年，国家组织实施的长城保护维修项目已达到数百项。多年以来，文物保护维修始终要求遵守"不改变文物原状"和"最小干预"的原则。尤其是国家文物局发布了《长城保护维修工作指导意见》②，各类长城保护工程提供了专业技术指导和理念遵循。然而，随着社会对长城关注度持续升温，公众对长城保护工作期待值也越来越高，长城保护维修工程"效果"引发的舆论热点持续发酵。

2017 年，一组陕西省榆林市明长城横山区波罗堡东墙维修过程中"野蛮"拆墙的视频和图片引起网络关注。经政府部门调查，拆墙的举动是将城墙松散砖块取下时所发生，拆下的砖块将妥善保管以备维修使用。由于疏于监管以及缺乏对农民工的引导和培训，个别工人缺乏文物保护意识，以致东城墙的浮土清理过程中出现了操作不当行为。后经专业机构鉴定，工程设计按照"修旧如旧"的原则，长城修缮方法本身并没有违法，但是在施工过程中存在不规范行为。

2018 年，山西省大同市新荣区得胜堡保护维修工程引发舆论热点。一名网友发布消息，得胜堡用仿古砖包裹修复，搞成了崭新的仿古建筑。经官方调查，此次得胜堡保护维修工程并非修复，而是底部加固，部分原构件、材料采用旧砖，不足部分则使用了原工艺制作的青砖。

长城修缮备受关注，也容易引起争议。这些新闻热点引起的争议反应了社会公众对长城修缮风貌的不同认知。长城保护维修准则、规范明确要求文物保护应遵循"不改变原状""最小干预"原则，社会公众也普遍认为修缮的手段、方法不应该改变长城历史风貌，应达到"修旧如旧"的效果。但非专业人员对"旧"的理解往往仅停留在理念认知层面，而专业部门对"旧"的尺度又尚未提出可供判断的标准，加上"风貌"感知因人而异，因此围绕长城修缮带来历史风貌影响等问题的争论始终未能达成一致。除

---

①　数据来自八达岭现场访谈。
②　国家文物局，文物保发〔2014〕4 号。

此之外，文物保护维修作为专业性较强的工作，社会公众能够了解保护方案设计、技术方法等工程维修内容的渠道有限，造成公众只唯"工程效果"论，或对工程实施中的阶段性做法过度解读。

社会公众对长城保护维修的关注热度，催使长城保护维修从"技术"研究逐渐向"理念""机制"等深层次问题进行探索。

一、开展长城保护维修理念与实践研讨

2017 年 6 月，秉承问题导向，坚持改革创新、开放共享，为了形成长城维修理念上的最大公约数和技术上的共识，形成有普遍适用性的研究成果，中国文物保护基金会联合中国文化遗产研究院、中国古迹遗址保护协会共同主办长城保护维修理念与实践论坛。来自各级国家文物行政主管部门领导、长城保护工程相关单位代表，文物保护研究机构、高校相关学院、专家学者，关注长城保护的企业、社会组织、新闻媒体代表等共计 150 余人出席了此次论坛。论坛围绕"长城保护维修"这一话题，总结十年来长城保护维修工程典型案例中的经验教训，深入探讨文化遗产保护理念，研究分析体制、机制上存在的问题，以达到分享经验、形成共识、探索创新、推动工作的目的。

长城保护维修理念亟需达成共识。《中国文物古迹保护准则》《长城保护维修工作指导意见》《中国长城保护报告》等文件中均不同程度地提出了长城保护维修的理念和原则。但在长城保护维修实践中，仍存在理解和效果上的偏差。不同的保护方式，反映了不同的长城价值认知，工程措施的干预程度和最终的维修效果，不同的专家、社会各界、公众仍存在意见分歧。论坛提出，在下一步长城保护工作中，仍需进一步深入研究、总结，仍需进一步扩大共识，要加强对不同类型、不同区段长城综合价值的研究，避免保护理念大而化之，切实用历史的眼光看待长城相关遗存本体及其景观价值，将其价值的保存作为长城维护的核心任务。针对目前长城存在的因错误修缮和复建造成的破坏，论坛强调坚持最小干预原则，并加强日常养护。宋新潮副局长表示，"长城的修缮应当遵守'不改变原状'的原则，长城段落已经损毁的，应当实施遗址保护，不得在原址重建"，应坚持"保存胜于维修，维修胜于修复，修复胜于重建"的理念，并呼吁预防性保护应该成为长城保护的常态。中国文化遗产研究院院长柴晓明认为，无论是整体修复还是原状保护，都应以保护长城本体安全为首要原则。遵循文物保护的原则和文物管理工作程序。应坚持"不改变原状"和"最小干预"原则，同时还要加强长城的日常养护。

应充分发挥日常养护在长城预防性保护中的作用。日常养护作为长城保护的必要内容也受到了论坛与会专家的热议。《文物保护工程管理办法》中已将保养维护作为一种工程类型，但目前国家经费管理办法没有列入经费支持范围，地方财政也很难进行经费支持。而大部分地方是以从上级争取项目和资金作为部门的考核指标，几种因素的作用之下，造成了地方热衷于报项目而忽视了长城的排险、保养维护。论坛专家们建议，应进一步研究相关工作，尤其是完善保养维护经费支持、减少招标环节

等制度，真正做到"花小钱、办大事"，切实保护好长城的历史文化价值。河北省秦皇岛市山海关区文物局介绍了在山海关长城保护工作中开展"岁修"的经验。"岁修"工作已成为山海关长城日常管理中必不可少的一项重点工作。虽然资金投入少，工程项目工程量小，但在管理工作中却发挥着重要的作用，关系着长城是否能够摆脱各种小问题保持本体结构稳定。岁修工作，通过每年有计划地对长城进行巡查、保养维护及排险工作，改变过去损坏后集中修缮的方式，在日常工作中对长城本体轻微损害进行保养维护，及时排除不安全因素。论坛讨论认为，应让岁查岁修成为一种常态，本着最小干预的原则减少大修，防止因维修不当造成对长城本体的破坏。

长城保护维修需要通过研究性保护进行探索。论坛呼吁反思与总结长城保护维修的做法、理念，研究性保护维修呼之欲出。中国文物保护基金会提出，将选取箭扣、喜峰口等历史文化价值突出、或技术难题需要突破、或体制机制有待创新的长城点段开展研究性保护项目。通过募集社会资金进行保护修缮，力争做成具有示范、样板意义的工程。北京兴中兴建筑设计事务所副所长赵鹏介绍箭扣长城的维修理念时提出，"在箭扣长城保护二期项目中，改变了以往的长城保护工程设计理念，对坍塌墙面不进行恢复，只对留存面进行安全防护，尽量少用修缮手段，多用可逆的技术手段进行加固。但这种方法也存在不足，比如在不大量扰动长城本体的前提下，缺少修缮所需的数据支持，这些都需要在实践中不断摸索"。

"考古"应制度化。考古勘察对长城保护维修工程具有至关重要的基础支撑作用，应在制度层面将考古工作作为长城保护维修工程实施的前置环节，充分掌握长城修筑年代的工艺做法，了解长城损毁的机理过程，为"修旧如旧""不改变文物原状"提供依据，为"最小干预"提供技术支撑。原北京市文物局文物处处长王玉伟指出，"过去我们只关注文物始建时期的单一实物价值，却忽略了文化遗存随时光流逝的老化印迹，大量过度的干预和不必要的修复，使长城承载的岁月痕迹及其形成的景观和美学价值没有了。建议在今后的长城保护工作中，强化考古调查、现状勘察和结构检测，实现研究性保护"。

应加强社会参与，让长城保护维修工作获得更多理解和支持。近年来，长城保护维修工程引起社会舆论关注。论坛专家提出，文物部门要利用各类渠道做好长城保护维修工程的信息公开和科普教育，例如在工程现场提供必要的图文解说，让公众了解维修段落的损毁、病害与采用保护措施的关系等，使"误解"变为"理解"。中国文物保护基金会理事长励小捷在致辞中表示："秉持'文物保护全民参与、保护成果全民共享'的理念，挖掘传播长城文化、推广长城保护科学理念、扩大社会各界参与长城保护的覆盖面，形成一系列长城知识、长城故事、长城保护成果，长城 IP 开发的成果与产品，努力使全民对象征民族精神的长城有普遍的了解和正确的认知"。

此次论坛还发布了《长城保护维修山海关共识》，得到了各级文物行政主管部门、长城保护管理研究机构、专家学者的一致认同。《共识》呼吁长城维修应坚持以"不改变文物原状"和"最小干预"为基本原则，坚持以科学研究为先导，以加固文物本体、消除安全隐患为重点，以维护真实性、完整性和历史风貌为核心目标。发扬中国工匠精神，满怀敬畏之心，精益求精地做好长城维修工程的勘察、设计、施工和评估验收，注重保护和维修的社会效果，强化有关制度的完善、落实与监督，鼓励探索与创新。

文物保护工程领域内的理念讨论由来已久。长城保护工程（2005 - 2014）开展以来，长城保护维修工程数量较十年前有了大幅增长，不同的保护理念也在大量的工程实施中得以实践。2017 年，山海关召开的"长城保护维修理念与实践论坛"深入探讨了文化遗产保护的理念，研究分析了体制机制上存在的问题，通过对长城保护维修典型案例进行剖析总结经验教训，达到了分享经验、形成共识、探索创新、推动工作的效果。

二、总结经验编制保护维修技术规范

为提升长城保护维修项目设计水平，深入对长城保护维修理念的探索与实践，在《长城保护维修工作指导意见》基础上，2017 - 2018 年期间，国家文物局委托专业机构组织开展了《长城维修工程施工技术规程》《砖石质长城保护维修指导性文件》等具有针对性的长城保护维修技术规范编制工作。

为进一步规范长城维修工程中的施工管理工作及技术行为，2016 年底国家文物局委托中国文化遗产研究院编制文物保护行业标准《长城维修工程施工技术规程》。经过深入调研、广泛论证和反复修改，《规程》已于 2018 年 3 月报文物标准化委员会审核，目前已通过专家评审，待发布实施。《长城维修工程施工技术规程》规定了长城资源中本体及附属设施施工过程中常用术语、施工阶段划分和各阶段管理工作要求、长城结构分类、维修材料要求及主要施工工艺的分项分类要求及应遵循的基本原则。

2018 年，国家文物局委托北京建工建筑设计研究院编制《明长城砖石质长城保护维修指导性文件》。明长城在长城现存遗存中分布范围最广、数量最大、类型最为丰富，被列为《长城保护总体规划》的重点。据统计，明长城墙体中，砖石质长城数量占到 27%。由于对长城保护理念认知不足，对砖石质长城基本形制和材料研究欠缺，残损原因分析不尽科学，缺乏熟练掌握古代砖石质长城施工方法的技术力量，近年有些长城维修工程受到社会质疑，立项和设计方案通过率不高。为此，《指导文件》将有针对地分析明代砖石质长城形制做法、材料特性，梳理砖石质长城现存状态及病害类型，总结长城保护维修相关理念和方法，并选择保护工程维修设计以及工程实施案例，阐释明代砖石质长城的概况和形制特点、保护修缮理念和保护修缮技术措施，为地方政府、文物部门和社会公众理解明代砖石长城保护维修提供权威性资料。截至 2018 年底，该项技术指导文件已经开展多处案例调研，并编制完成初步框架。

案例 3 - 3　中卫姚滩段长城加固工程 - 最小干预原则的有益探索①

姚滩段明长城位于宁夏回族自治区中卫市沙坡头区迎水桥镇姚滩村，距中卫市城北约 7 公里，西侧

---

① 本案例由辽宁有色金属研究院原副总工程师、教授级高工兰立志，娄建权、于侠等提供。

临近大漠边关风景区，西北为千岛湖风景区，东南侧紧靠香山机场。由于长期裸露在不断变化的恶劣自然环境中，遭受不可抗拒的日照、风吹、雨淋、冻胀等自然力的交替作用和人类活动的蚕食，墙体发育着开裂、剥落、坍塌等病害，原有墙体失去了稳定性和完整性，城墙不断残损，直至消失。

2014 年 8 月 27 日国家文物局批复中卫姚滩段长城加固工程立项，2015 年 10 月由辽宁有色勘察研究院完成设计方案，2016 年 3 月 11 日国家文物局批复设计方案，2017 年 6 月工程施工招标，辽宁有色金属工程公司承担工程施工。该工程于 2017 年 8 月 5 日开工，2020 年 10 月 11 日验收。中卫姚滩段长城加固工程通过严谨的科学试验，在一定程度上验证了在土长城维修夯筑灰土过程中在不采用新材料和新技术的条件下，传统做法的可行性，通过试验和工程实践，研究撑握了关键环节的施工方法，妥善保持了古朴土长城的沧桑感，基于最小干预原则对土长城保护维修方法进行了有益的探索。

科学试验辅助保护措施决策。2018 年 5 月，宁夏回族自治区考古所对原状不明的 2 号敌台进行了施工前考古勘察，基本查清了 2 号敌台的原形制、原材料、原工艺。通过施工前近二个月对材料和工艺进行二十多批次的现场试验得出的结论，证明采用原质材料和原工艺对土长城遗址进行夯筑补强加固等保护措施，完全可以满足遗址本体安全的技术要求，不必采用新材料和新工艺。

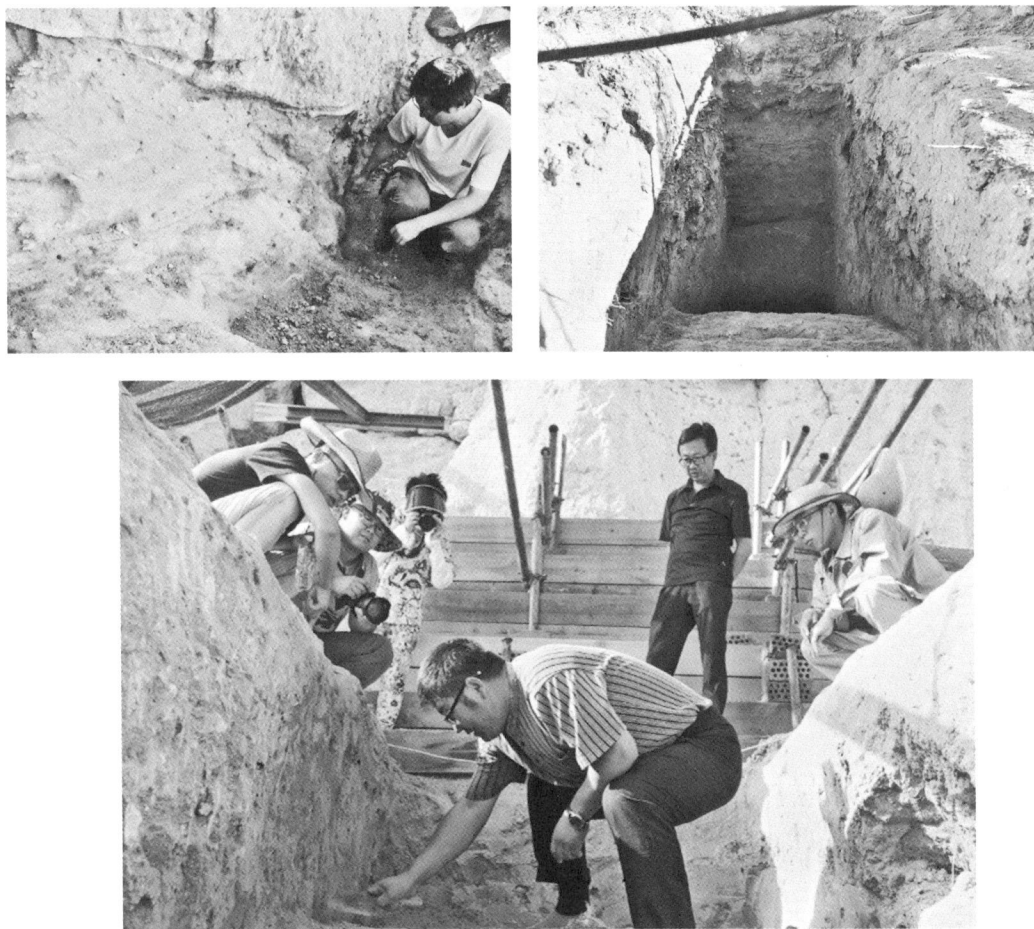

图 3-15　姚滩长城 2 号敌台考古（李青松、宋浩摄）

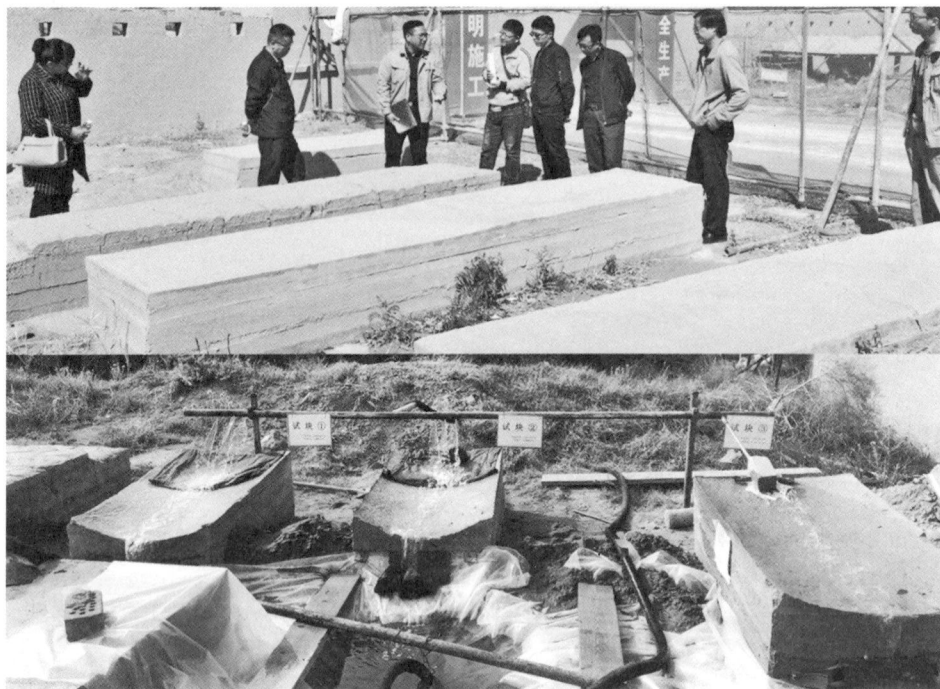

图 3-16 夯土试验（邓涛摄）

保护措施实施"尺度"的个性化定制。工程实施中采用夯补保护措施时，对夯土强度进行了检测，夯补的厚度以满足稳定性要求为标准，对缺失较大的部位，采取随形夯补保护措施；对于缺失较薄的部位，按原形制进行夯补，如果高厚比不足，不能满足稳定要求，则辅以木质锚杆（签）补强。

科学的稳定性评估为加固措施提供依据。"长城本体抢险加固、消除长城本体安全隐患是长城保护维修工作的首要任务"①，这是进行干预性长城保护维修的基本条件。需不需要采取措施进行干预，取决于土长城遗址的危险程度，取决于对遗址稳定性的评估。经评估，工程仅对存在安全隐患的 1~3# 敌台及约 1/3 的现存遗址采取了夯补加固措施，对发育较严重的凹槽和裂缝采取了修补措施。

维修加固采用传统工艺。坍塌残损部位的夯补、裂缝修补、凹槽修补、墙顶面及冲沟加固等不同状况下的保护维修方法均遵照传统工艺、原材料，以保留古朴沧桑的风貌为原则。在坍塌残损部位夯补中，对晒土和粉碎、泼灰、灰土拌和、闷料醒土除用仪器进行现场检测外，为弥补检测数据不足，技术人员还依据现场试验的经验积累对夯土质量进行把控。如闷料醒土过程中，根据试验确定土料翻倒的间隔时间和次数，使水分润湿土料大致均匀，闷至灰土的微结构发生改变，没有干土或硬土团为止。② 夯筑中，依据清工部《工程做法则例》土作做法中的记载③、相传的夯土传统作法及设计的夯实度，通过试验确定点夯次数、夯距等参数，如夯距宜为 0.5~1 个夯窝，工人之间落杵力量应相近。夯

---

① 《长城保护维修工作指导意见》，文物保发〔2014〕4号。
② 许海燕，《对建筑工程中夯土墙施工技术的探讨》，华东科技（综合）2019（4）：0057。
③ 吴吉明，《清工部〈工程做法则例〉注释与解读》，化学工业出版社，2017：402。

土的新老界面采用洒水润湿、直接夯筑的处理措施，取消了削坡修阶的有损做法，尽可能多的保留现有遗址本体。对遗址维修加固而言，尽可能用加法取代减法。裂缝修补中，浆液采用夯土同质材料配制，必要时可加入少量的胶质材料，根据裂缝的宽度调整稠度，距离表面一定深度内待初凝后进行捣实做旧处理。凹槽修补，将夯土含水率调至塑限，夯杵直径改为 $40 \sim 50mm$，底部采用斜向夯，将填土夯成向内倾斜的坡面，上部侧向夯实，表面做旧。墙顶面及冲沟加固，墙顶面夯一至二步 4：6 灰土做防水层，再加表层夯一步 2：8 灰土做防护层。冲沟按现状加固，仍保留其排水通道作用。表面采用二至三步 4：6 灰土夯筑。

在姚滩段长城加固中，基于最小干预的原则对土长城遗址的保护维修方法进行了初步探索。采取的加固措施在基本消除遗址安全隐患的同时，保持了古朴长城的沧桑感。对最小干预原则的认知需要在长期摸索中不断提升。完工后，工程设计实施单位 – 辽宁有色金属研究院将对重点部位进行监测，对保护措施实施效果进行跟踪评估。

2017 – 2018 年，在国家文物局的指导下，各地以文物本体抢险加固、消除安全隐患为长城保护的首要任务，组织实施了一批长城保护维修工程，有效保护了长城的真实性、完整性和自然历史风貌。

总体来看，2017 – 2018 年长城保护维修工程在项目管理与指导性规范标准方面产生了一批成果，逐渐形成了长城保护维修理念的社会共识。但与长城巨大的保护需求相比，长城保护维修仍旧严重不足，安全排查与日常养护等预防性保护依然薄弱，长城保护维修技术规范框架体系尚未建立，结合长城保护工程开展的考古工作严重不足，地方在理解长城保护维修理念的程度上深浅不一。

下一步，长城保护工程项目管理应在现有工作的基础上，对各地长城保存状况进行定期评估，并依据评估结果建立长城保护工程项目库，按照轻重缓急逐步实施各类保护工程；将长城日常养护纳入各级财政资金渠道，保障各项长城预防性保护措施的延续性和长效性；开展对长城保护维修工作等技术规范的需求调研，以编制土质长城保护维修技术规范、长城日常养护规范等为引领，建立长城保护维修技术规范框架体系；选取具有典型性的长城保护维修工程开展长城保护工程考古相关技术规范研究，修订《长城保护维修工作指导意见》等，从制度上、工作流程上将考古纳入长城保护维修勘察工作的必要环节；编制长城保护维修规范标准案例阐释，结合近年开展的长城维修工程案例分类阐释长城保护理念在实际中的应用，为地方开展工作提供范例指导。

第四章　长城开放利用

长城开放连接保护与利用，连接长城与公众，是长城保护与价值传播的重要领域。长城旅游，是享誉中国乃至世界的旅游品牌，是长城开放利用的主要途径。在文化和旅游融合的新形势下，亟待从遗产保护视角关注和研究长城的开放利用议题。

第一节　文旅融合拉开长城开放利用的新序幕

自党的十九大以来，我国文化遗产工作紧紧围绕着"统筹推进'五位一体'的总体布局"和"协调推进'四个全面'"战略部署，不断深化文物的保护利用改革。随着国务院机构调整特别是文化和旅游部门整合与工作融合的步伐加快，以长城为代表的文化遗产的开放利用进入了新时代。随着我国社会主要矛盾的变化，在国内大众旅游快速发展的背景下，为满足人民追求美好生活的需求，长城的开放利用与地方旅游发展的融合关系不断强化。

一、社会主义文化强国建设的新要求

中国共产党第十七届中央委员会第六次全体会议提出了建设"文化强国"的长远战略[1]。党的十八大以来，以习近平同志为核心的党中央高度重视社会主义文化建设，深刻阐述了文化建设的重大意义[2]，提出了"增强国家文化软实力"和"坚定文化自信"的发展目标，明确了加强文物保护是其中重要环节。党的十九大将"加强文物保护利用和文化遗产保护传承"作为坚定文化自信的重要内

---

[1] 《中共中央关于深化文化体制改革、推动社会主义文化大发展大繁荣若干重大问题的决定》，中国共产党第十七届中央委员会，2011 年。http://www.gov.cn/jrzg/2011 - 10/25/content_1978202.htm（2011 - 10 - 25）。

[2] 坚定文化自信，建设社会主义文化强国，http://theory.people.com.cn/n1/2017/1016/c40531 - 29588374.html（2017 - 10 - 26）。

容写进报告中①，使文物事业作为新时代中国特色社会主义的重要组成部分，使文化遗产成为继承和发展、弘扬和繁荣中国传统文化的有力支撑。文物事业面临着前所未有的历史机遇，符合国情的文物保护利用之路已经站在新的发展起点上。②《国家文物事业发展"十三五"规划》（2017 年）、《关于实施中华优秀传统文化传承发展工程的意见》（2017 年）与《关于加强文物保护利用改革的若干意见》（2018 年）等官方文件的相继发布，既是对社会主义文化强国的建设做出了新部署新任务，也是对新时期文物工作的开展赋予了新要求新使命③，为统筹推进文物保护与开放利用提供了机遇和动力。长城的保护与利用在增强国家文化软实力上发挥着不可替代的作用。

二、文旅融合发展的新形势

自 2018 年原国家旅游局与文化部合并成为文化和旅游部之后，全国各地有关加快文化和旅游融合的规章政策纷纷出台，为处理文物保护与利用的关系提供了有力的制度支撑。文旅融合将有效改善"旅游项目跟长城文化缺乏有机联系"、"文化内涵与旅游活动结合不紧密"等现状问题，为进一步推动长城的保护与合理的旅游利用带来新的活力与契机，为提升长城文化的软实力以及长城精神的社会影响力起到重要助推作用。2017 - 2018 年，伴随长城国家文化公园、长城文化带、长城旅游板块④等国家战略与规划理论的提出，长城开放利用成为文物保护与旅游融合的新热点，带动沿线区域资源整合的新形势发展。

三、乡村振兴战略实施的新动能

国民经济和社会发展的阶段性变化赋予农业农村发展新使命。自十九大提出"乡村振兴"战略以来，文物作为乡村宝贵的文化资源、不可再生的历史文化遗产与潜在的文化旅游资源，对其开展的保护与利用日益成为传承乡村精神文明、推进农业农村现代化新征程的重要抓手。长城沿线遗留下来的有形及无形的文化遗产，不仅与地方居民的生产生活密切关联，也是带动周边区域经济与社会发展的重要资源。随着地方乡村特色文旅项目的逐步开发建设，长城开放利用深度挖掘和延续了沿线特色乡

---

① 加强文物保护利用和文化遗产保护传承，http：//www. ncha. gov. cn/art/2018/6/5/art_2080_149690. html （2018 - 06 - 05）。

② 十九大报告：《决胜全面建成小康社会 夺取新时代中国特色社会主义伟大胜利》，2017 年。http：//cpc. people. com. cn/19th/n1/2017/1027/c414395 - 29613458. html？from = groupmessage&isappinstalled = 0（2017 - 10 - 27）。

③ 全面加强文物保护利用 传承发展中华优秀传统文化，https：//www. sohu. com/a/129460518_528913（2017 - 03 - 20）。

④《关于印发山西省黄河、长城、太行三大板块旅游发展总体规划的通知》，https：//www. sohu. com/a/238267731_395870（2018 - 06 - 28）。

村文化和人文精神，有助于提升人们对家乡的归属感与对地域文化的认同，进一步推动乡村振兴战略的贯彻落实。

四、保护与活化利用并重的新抓手

当今，我国已进入"两个一百年"奋斗目标的历史交汇期。在小康社会与社会主义现代化国家新征程全面开启之时，"抢救第一"的文化遗产保护主旋律逐渐转向"更加全面与合理利用"的文物保护理念。在习总书记对文物工作作出"各级党委和政府要增强对历史文物的敬畏之心，树立保护文物也是政绩的科学理念，统筹好文物保护与经济社会发展，全面贯彻'保护为主、抢救第一、合理利用、加强管理'的工作方针'，切实加大文物保护力度，推进文物合理适度利用，使文物保护成果更多惠及人民群众"① 的重要指示下，发掘、保护和利用文物所蕴含的丰富多元价值，统筹考虑"保"与"用"的关系成为新时期文物工作的主要任务。新时期，长城开放利用对于整合多元遗产资源、弘扬与传承中华文化、带动沿线区域经济发展进而推动文物事业蓬勃发展起到重要的引领作用。

第二节　由传统走向新时期的长城开放利用历程

长城作为中华民族的精神象征，对中外游客有着非同一般的吸引力。在中国众多文物古迹中，长城开放利用的时间长、类型多、参与主体范围广、社会影响大、实践经验丰富，是文物开放利用的典范。

长城开放利用的传统方式以攀登、观光为主，主要开放资源为长城墙体与关堡。在新目标与新任务的新要求下，长城开放利用突破传统模式，由国家到地方层面相继提出了"长城国家文化公园"、"长城文化带"、全域旅游"长城板块"等与时俱进的新概念。这些成为整合区域资源、实现文物保护与区域协调发展的热点，在大型线性文化遗产开放利用与文化旅游融合的实践中发挥着先锋示范的作用。

一、历史悠久的发展沿革

开放初期（20 世纪 50 年代）。1952 - 1954 年，在时任国务院副总理兼文化教育委员会主任郭沫若

---

① 《人民网：习近平谈文物保护工作的三句箴言》，http：//wwdc. sach. gov. cn/art/2016/4/13/art_1890 _129830. html（2016 - 04 - 13）。

提出"保护文物、修复长城、向游人开放"的建议指导下，国家文物局主持勘察八达岭长城，并对其开展修缮工作。[①] 1958 年，北京八达岭长城正式对外开放，成为我国最早正式开放的长城景区。

蓬勃发展时期（20 世纪 80 年代 – 21 世纪初期）。改革开放后，长城成为重要的国家名片，沿线各点段经过修复后对公众开放，包括 1980 – 1981 年间开放的甘肃敦煌玉门关景区（1980 年）、陕西榆林镇北台景区（1981 年）。1984 年，邓小平同志的题词"爱我中华，修我长城"，把长城的保护修复推向了一个新阶段，掀起全国保护修复长城的热潮。1987 年，长城被联合国教科文组织世界遗产委员会批准列入《世界遗产名录》，成为我国首批世界文化遗产之一。由此，长城的保护与开放利用进入蓬勃发展的重要时期。从八十年代中期至九十年代末，一些以明长城墙体和重要关口为代表的点段先后得到修复并对外开放，如河北承德金山岭景区（1985 年）、秦皇岛山海关景区（1985 年）、甘肃嘉峪关景区（1985 年）、天津黄崖关景区（1985 年）、山西平定县娘子关景区（1986 年）、辽宁葫芦岛九门口长城景区（1988 年）、北京慕田峪景区（1988 年）、辽宁丹东虎山长城景区（1992 年）、北京八达岭水关长城（1995 年）等，这些景区随后成为长城景区的重要代表。进入 21 世纪，六国、金、元、明等朝代修筑的长城以其多样化的本体形态与丰富的遗产价值内涵，在开放利用的过程中被更广泛认知，包括山西老牛湾景区（2004 年）、黑龙江齐齐哈尔金界壕遗址公园（2008 年）、山东泰安长城岭省级地质公园（2014 年）等，大大丰富了开放利用类型。

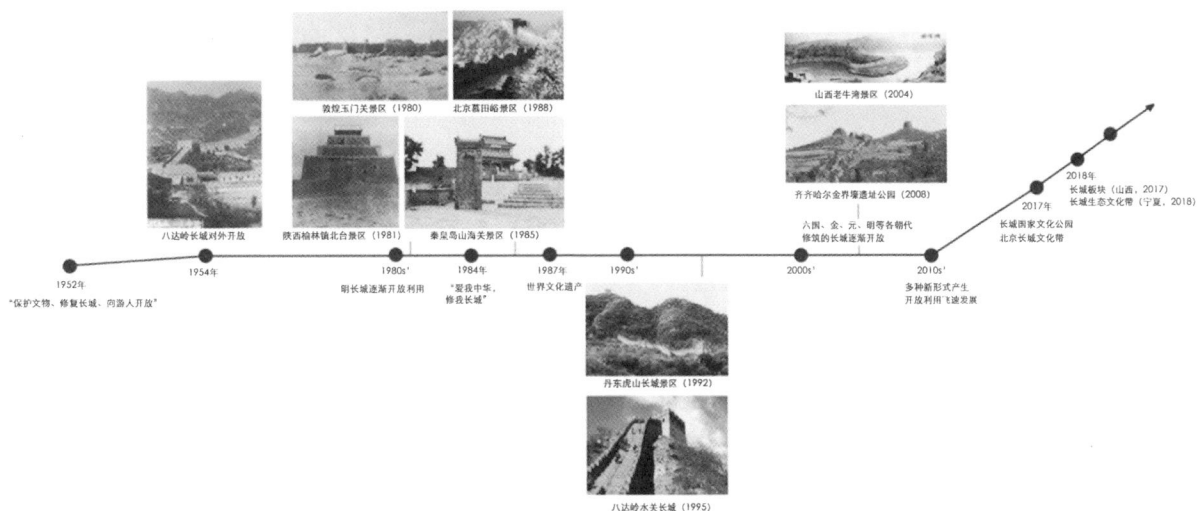

图 4 – 1 长城开放利用的历史发展过程

跨越式发展时期（2017 年以后）。近年来，随着相关保护发展规划条例的颁布，长城国家文化公园（2017 年）、北京长城文化带（2018 年）等新型开放利用形式被相继提出。同时，在各省市全域旅游推动下，长城板块（山西，2017 年）、长城生态文化带（宁夏，2018 年）等旅游新品牌被着力打

---

① 张依萌. 观念与制度：长城保护维修的两个基础问题. 中国文化遗产，2018（3）：57。

造，开启了新时代背景下长城开放利用的新阶段。

在半个多世纪的发展过程中，长城开放利用始终以"保护优先，合理利用"为指导思想（图 4 - 1），形成了代表性的成果，成为我国文化遗产事业保护与利用发展的重要典范。

二、以散点状分布为主开启资源融合

在长城全线 2.1 余万公里的广大范围内，长城的开放利用场所呈点状分布，而且集中于保存较为完好的关堡和局部砖石质墙体及其周边区域。正式开放的景区主要分布于北京、河北、山西、甘肃、山东、宁夏、辽宁、内蒙、陕西、黑龙江、新疆等地。其中，京津冀地区开放利用最集中，北京、河北分列首次位，天津亦位列中段，如太行山河北段长城进行独立开放利用的资源占全部开放利用总资源的 16.33%，14.3% 的长城资源处在已开放的景区内部。另外，山东、宁夏、辽宁、内蒙、山西、黑龙江、新疆等省依托不同朝代、形制的长城资源，也开始探索不同的开放利用路径。

以 1958 年北京八达岭长城正式开放为标志，长城开放利用在历经半个多世纪后，随着文旅融合的推进，从以墙体、关口等独立点段为开放利用主体的散点式格局，逐渐向"以点呈线、以线连域"的资源共享、全方位分布的局面发展。2017 - 2018 年，伴随各省（自治区、直辖市）全域旅游示范点的建立，长城沿线多省（自治区、直辖市）提出着力打造以长城为主的旅游线路与旅游核心板块等资源整合的方案建议。

三、丰富的旅游吸引物推动传统形式发展

传统的长城开放利用形式主要以接触式的攀登观光为主，在长城沿线各地形成了著名的旅游景区。随着时代发展下技术媒体的应用，不断迸发的新思想、新理念推动利用活动的丰富性与多样的利用活动逐渐开展。在全域旅游、文旅融合的宏观背景下，长城开放利用主要有三种表现形式。第一种是以长城墙体及附属物等本体作为主要吸引物形成的旅游景区，共 43 处，如北京八达岭景区、河北山海关景区、北京云蒙山长城遗址公园、黑龙江齐齐哈尔金长城遗址公园等。在此基础之上，2017 年国家首次明确提出以长城国家文化公园为主导的长城点段开放利用形式，强调将展示长城景观与价值作为核心内容。第二种是包含长城在内，但以区域内综合资源为吸引物形成的旅游景区，共 24 处，如辽宁医巫闾山森林公园景区、宁夏镇北堡西部影视城、北京长城风景国家步道等。这两种形式的开放利用形成各级风景名胜区、遗址公园、森林公园、地质公园、自然保护区等旅游景区共计 67 处，其中 2A 以上的景区 31 处。当前，传统景区联动发展，形成如北京长城文化带等具有综合国际旅游影响力的文旅精品。第三种利用形式主要表现为将长城关堡、卫城、村寨作为居住体验的休闲度假体验功能区，如山西偏头关城、陕西榆林卫城等共

计 28 处。在全域旅游带动下，随着乡村旅游助力乡村振兴战略的展开，此类型逐渐向地域性特色小镇以及历史文化旅游乡村转型，形成与地产、民俗文化融合的开放利用形式。

四、旅游品牌效应突出，综合效益显著

长城悠久的开放利用历程在海内外形成持续的影响力与知名度。长城旅游成为我国在国际上久负盛名且具有高度市场影响力的文化品牌，产生了巨大的社会与经济效益，对长城文化旅游品牌的打造具有积极的影响。

在国际影响力方面，近 400 位国家元首和政府首脑游览了长城；在世界最受欢迎的 10 个旅游胜地评选中，长城位列第七[①]，现已成为国家形象的重要代表。在社会公益与教育方面，长城开放利用场所已成为爱国主义教育、科学研究以及价值传播的重要基地，如通过在北京古长城、河北金山岭长城等地定期举办的公众参与性的长城修复活动来提升遗产价值的社会认同度与影响力。北京八达岭长城景区被评为"2017 中国十大最受欢迎旅游目的地"[②]，成为我国最著名、长城品牌影响力最大的长城开放利用点段。

在景区直接经济效益方面，据不完全统计，长城相关旅游景区年游客接待量主要分布在 1 – 1000 万区间，其中，年接待游客 1 – 10 万的景区 8 个、11 – 50 万的 16 个、51 – 100 万的 3 个、101 – 500 万以上的 9 个、500 万以上的 1 个[③]。5A 级北京八达岭长城景区在 2017—2018 年接待游客量由 930 万上升至 990 万，至今已累计接待中外游客 1.6 亿人；3A 级北京怀柔响水湖长城自然风景区年游客量 20 万人，年收入 600 – 700 万元。

在带动社会发展的经济效益方面，以长城资源为核心的建设项目已成为全域旅游打造与乡村振兴的重要驱动力。山西省通过长城一号国家旅游专用公路建设，带动 2 个龙头项目、15 个引擎项目、26 个重点项目、11 个传统景区提升项目的发展，力图形成稳定持续的社会综合效益[④]。在长城旅游的带动下，乡村村民生活得到极大改善。2017 – 2018 年，北京八达岭镇岔道村近 60% 村民开设农家乐、餐厅等，使每户年增收 20 – 30 余万元；陕西榆林市的神木高家堡仅 2017 年过年期间接待旅游人数达 8.9 万人次，实现旅游收入 2670 万元[⑤]。

① 2017 年最热门十大最受关注旅游活动胜地，https：//www.sohu.com/a/213616974_717919（2017 – 12 – 29）。
② 2017 最受欢迎的中国旅游目的地和旅游小镇揭晓，https：//www.sohu.com/a/198534841_99957768（2017 – 10 – 17）。
③ 中国文化遗产研究院：《长城保护与开放利用对策研究课题报告》，2018 年。
④ 山西省人民政府办公厅发布：《关于印发山西省黄河、长城、太行三大板块旅游发展总体规划的通知》，2018 年。https：//www.sohu.com/a/238267731_395870（2018 – 06 – 28）。
⑤ 春节全省接待游客逾 3000 万人次，收入近 150 亿元。http：//www.sn.xinhuanet.com/snnews1/20170203/3639208_c.html（2017 – 02 – 03）。

第三节　长城开放利用的类型与特征分析

在长城开放利用的新形势、新格局的影响下，传统散点分布的长城景区、居住体验等形式亟待通过类型整合等方式明确开放主体与合理利用资源，以适应长城整体资源"有序开放、规范管理、适度利用与创新方式"的新要求。在文物与旅游相关法规、条例与规范的指导作用下，从管理主体与利用方式双重维度，本报告界定了长城开放利用的概念并将其划分为四种类型，为进一步全面性与准确性地从遗产保护、管理结构、利用方式与价值阐释与展示多个层面，剖析现阶段长城开放利用的文旅融合问题奠定理论基础，为优化新时期长城开放利用提供策略依据。

一、法规与形式并重的定义与内涵

开放的定义与内涵。本报告对长城开放定义为："具有明确监督管理机构指导开放利用工作并且已被文物保护管理机构备案的，安全状况适于游览，可面向公众提供参观游览或居住体验场所等活动的长城点段及周边区域。包括：已正式开辟的参观游览区、居住体验区、长城博物馆等参观点或有条件开辟为参观游览区的长城点段。"参考依据以《长城保护条例》（2006 年）、《文物保护单位开放服务规范》（2009 年）、《文物建筑开放导则（试行）》（2017 年）等国内文物保护与开放的相关规范文件内容为主，包括：一是开放方式与点段特征。长城段落有明确保护机构[1]；文物本体无安全隐患，具备基本的开放服务保障[2]并且安全状况适宜公众参观游览[3]；二是开放服务对象。文物应采取不同形式对公众开放[4]；三是开放内容。在不影响文物建筑安全的前提下，依托文物建筑进行参观游览、科研展陈、社区服务等活动；四是开放区域。文物保护单位规定向公众开放的区域[5]。

长城开放的内涵可理解为三个层次：一是指开放的主体性，即长城开放的点段有明确保护管理机构，由各地、各点、各段相应的管理机构作为主体以某种形式正式宣布对外开放；二是指开放的主动性，即由长城的管理机构主动地根据长城保护与传承的需要，选择合适的区域、合适的形式进行开放；三是指开放的合规性，即长城开放是建立在符合相应的法规、条例与规范的基础上，在开放范围内进

---

[1] 《长城保护条例》，2006 年。http：//www. gov. cn/zwgk/2006 - 10/23/content_420813. htm.（2006 - 10 - 23）。

[2] 国家文物局印发：《文物建筑开放导则（试行）》，2017 年。http：//www. ncha. gov. cn/art/2017/11/6/art_722_144857. html.（2017 - 11 - 06）。

[3] 《长城保护条例》，2006 年。http：//www. gov. cn/zwgk/2006 - 10/23/content_420813. htm.（2006 - 10 - 23）。

[4] 国家文物局印发：《文物建筑开放导则（试行）》，2017 年。http：//www. ncha. gov. cn/art/2017/11/6/art_722_144857. html.（2017 - 11 - 06）。

[5] 《文物保护单位开放服务规范（GB/T 22528 - 2008）》，中国标准出版社，2009 年 1 月。

行合适的活动。

利用的定义与内涵。本报告对长城利用定义为：受各级文物行政部门监督管理，在保护遗产价值并且不影响长城资源及周边环境的前提下，以服务公众为目标，以彰显长城历史文化价值为导向，延续长城原有攀爬、居住等接触功能或赋予新的、适当的当代功能，依法合规开展适度的接触体验、价值阐释与展示、教育与研究、经营服务等活动。参考依据以《中国文物古迹保护准则》（2015 年）、《中华人民共和国文物保护法》（2017 年修订）、《文物建筑开放导则（试行）》（2017 年）、《关于促进文物合理利用的若干意见》（2016 年）、《国务院关于进一步加强文物工作的指导意见》（2016 年）等国内外文物保护与利用的相关规范文件内容为主，包括：一是利用管理。各级文物行政部门应当依法加强对国有文物保护单位经营性活动的监督管理。[①]　二是利用的适度性与合理性。坚持依法合规与合理适度的基本原则，文物利用必须控制在文物资源可承载的范围内[②]，且相关活动不得对文物造成损害[③]。三是利用服务对象与导向。文物利用都要以有利于文物保护为前提，以服务公众为目的，以彰显文物历史文化价值为导向。[④]　四是利用方式。利用是指延续文物古迹的原有功能或赋予新的、适当的当代功能，对文物古迹进行研究，认识相关历史、文化内涵，展示文物古迹的价值，发挥教育功能[⑤]。

长城利用的内涵可理解为三个层次，一是指长城的利用本身就是保护的一种形式，恰当的利用是促进遗产保护的一种有效手段；二是指长城利用的根本目标是传播长城的文化遗产价值，传承其文化遗产精神；三是指长城利用往往与游客活动紧密关联，已形成攀爬、参观游览等传统接触式旅游活动，并将通过遗产价值展示、教育、体验等活动的开展，进一步丰富利用形式。

二、主体行为与长城本体双重限定的类型

基于长城开放与利用的定义与内涵，以国内文物保护与开放利用的相关规范文件内容为依据，本报告对长城开放与利用进行分类。长城开放分为正式开放和非正式开放，主要依据为：开放区域是否具有政府行政主管部门批准的开放许可；是否有明确的开放利用机构或个人[⑥]及其确定的级别、性质、特点[⑦]，负

①　《国有文物保护单位经营性活动管理规定（试行）》，2011 年。http：//www. gov. cn/gzdt/2011 – 09/01/content _
1937792. htm. （2011 – 09 – 01）。

②　《关于促进文物合理利用的若干意见》，2016 年。http：//www. gov. cn/xinwen/2016 – 10/19/content_5121126. htm.
（2016 – 10 – 19）。

③　《中华人民共和国文物保护法》，2017 年修订。http：//www. gov. cn/gongbao/content/2017/content_5219151. htm.
（2017 – 03 – 01）。

④　《国务院关于进一步加强文物工作的指导意见》，2016 年。http：//www. gov. cn/zhengce/content/2016 – 03/08/
content_5050721. htm. （2016 – 03 – 08）。

⑤　国际古迹遗址理事会中国国家委员会：《中国文物古迹保护准则（2015 年修订）》，文物出版社，2015 年 1 月。

⑥　《长城保护条例》，2006 年。http：//www. gov. cn/zwgk/2006 – 10/23/content_420813. htm. （2006 – 10 – 23）。

⑦　《文物保护单位开放服务规范（GB/T 22528 – 2008）》. 中国标准出版社，2009 年 1 月。

责该长城点段保护、利用和统一管理工作①；是否具备必要的服务设施与开放路线，可供人们游览或者进行科学、文化活动②③；是否能够恰当的使用多种手段，准确、生动地向公众阐释文物价值④；是否有违法擅自在长城原址重建或在未开辟为参观游览区的长城点段举行活动等⑤⑥。长城利用分为接触性利用和非接触性利用，主要依据为：在已开放的长城点段内，是否存在直接接触长城遗产本体的人为活动，包括攀爬、游览等，或是围绕长城开展价值阐释与展示等活动。

根据 2018 年《长城保护与开放利用对策研究课题报告》调研获取的数据统计，以长城点段为主体的开放与利用场所共计 162 处。这些长城段落分布在北京、甘肃、河南、河北、黑龙江、辽宁、内蒙古、宁夏、山东、山西、陕西、天津、新疆 13 个省市。其中，长城以正式开放为主，占比达到 67.28%；长城的利用以接触性为主，占比达到 79.01%（图 4 - 2）。

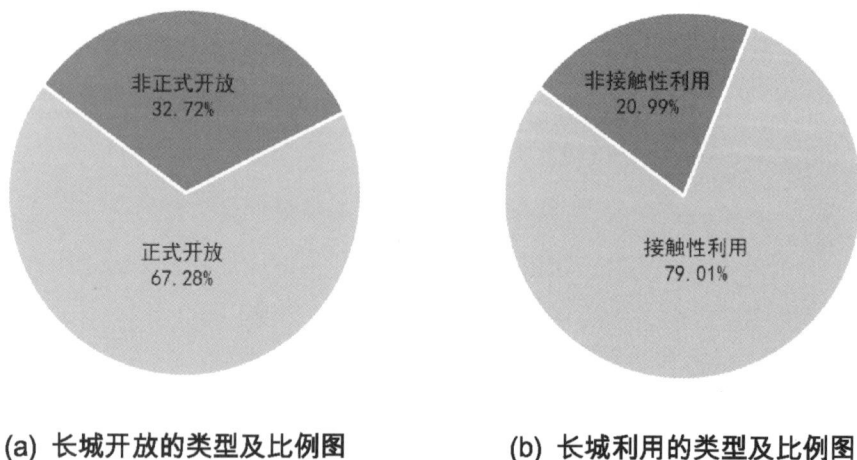

(a) 长城开放的类型及比例图   (b) 长城利用的类型及比例图

图 4 - 2　长城开放利用的类型及比例图⑦

根据上述分类，长城开放利用可以分为正式开放接触性利用型、正式开放非接触性利用型、非正式开放接触性利用型以及非正式开放非接触性利用型（附件 4）（图 4 - 3）。

根据长城开放利用的类型，本报告将典型性的长城景区、点段等形式进行划分，剖析不同类型中开放利用的主体、形式、经济效益与价值阐释与展示等特征，作为新时期长城开放利用的实践示例。

---

① 《风景名胜区管理条例》，2006 年。http://www.gov.cn/gongbao/content/2006/content_443258.htm.（2006 - 09 - 19）。

② 《中华人民共和国旅游法》，2013 年。http://www.gov.cn/flfg/2013 - 04/25/content_2390945.htm.（2013 - 04 - 25）。

③ 《文物保护单位开放服务规范（GB/T 22528 - 2008）》. 中国标准出版社，2009 年 1 月。

④ 《文物保护单位开放服务规范（GB/T 22528 - 2008）》. 中国标准出版社，2009 年 1 月。

⑤ 《中华人民共和国文物保护法》，2017 年修订。http://www.gov.cn/gongbao/content/2017/content_5219151.htm.（2017 - 03 - 01）。

⑥ 《长城保护条例》，2006 年。http://www.gov.cn/zwgk/2006 - 10/23/content_420813.htm.（2006 - 10 - 23）。

⑦ 数据来源：中国文化遗产研究院，长城保护与开放利用对策研究课题报告，2018 年。

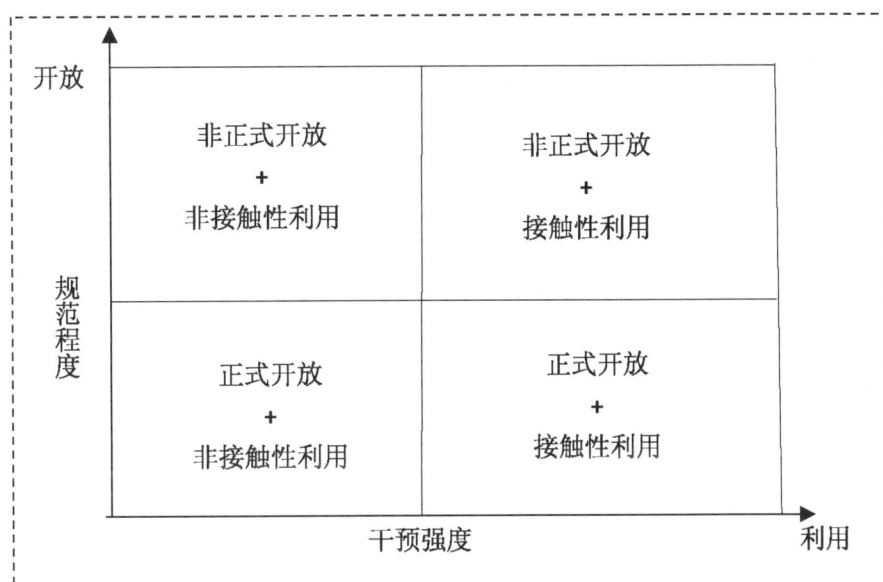

图 4 - 3　长城开放利用的分类示意图

（一）正式开放接触性利用型

该类型指已开辟为参观游览区或居住体验区，具有政府行政主管部门许可的、负责该长城点段保护的开放利用机构或个人，能够准确向公众阐释与展示长城价值并具有开放路线、必要的旅游配套服务设施、环境保护和生态保护措施，用以开展攀爬等利用活动的开放场所，包括长城景区、风景名胜区、乡村生活体验场所等。北京八达岭长城景区是我国最典型的以墙体为开放资源、以事业单位为管理利用主体、以攀登观光为利用方式的传统长城景区，作为北京长城文化带的重要组成部分，是传统长城景区整合发展的典范（案例 4 - 1）；山西偏关老牛湾堡景区是以堡寨为开放资源、以企业为管理利用机构、以居住、参观游览等利用方式为主的长城景区，作为山西省全域旅游的重要组成部分，是新时期堡寨型景区的代表（案例 4 - 2）。

案例 4 - 1　北京八达岭长城景区

该景区内的八达岭长城、水关长城与古长城均为正式开放接触性利用型。八达岭长城段于 1958 年正式对外开放，并由八达岭特区办事处管理。在不破坏长城本体真实性与完整性的情况下，管理主体将 3741 米点段开放为可供休闲游览、展陈教育与科研考察的场所。水关长城与古长城段分别于 1995 年与 2000 年正式对外开放，其利用方式均以接触性攀登墙体为主，兼容博物馆参观等活动，成为了具有代表性的长城景区。至 2019 年，为推动北京市长城文化带的保护与发展，水关长城和古长城被正式纳入到八达岭长城景区，由八达岭办事处统一管理。由此，八达岭长城景区成为全国最为典型的正式开放接触性利用型的传统景区，是长城开放利用的突出代表，对长城价值传播具有深远的意义。

开放利用的管理机构。北京八达岭长城景区的管理机构为八达岭特区办事处，经营机构为八达岭旅游总公司，但两者属于同一领导班子。八达岭特区办事处主要负责八达岭长城本体的保护与修缮、旅游管理、长城遗产价值阐释与展示以及景区总体规划等方面工作。八达岭长城的管理利用主体为国有独资企业——北京市八达岭旅游总公司（图 4-4）。

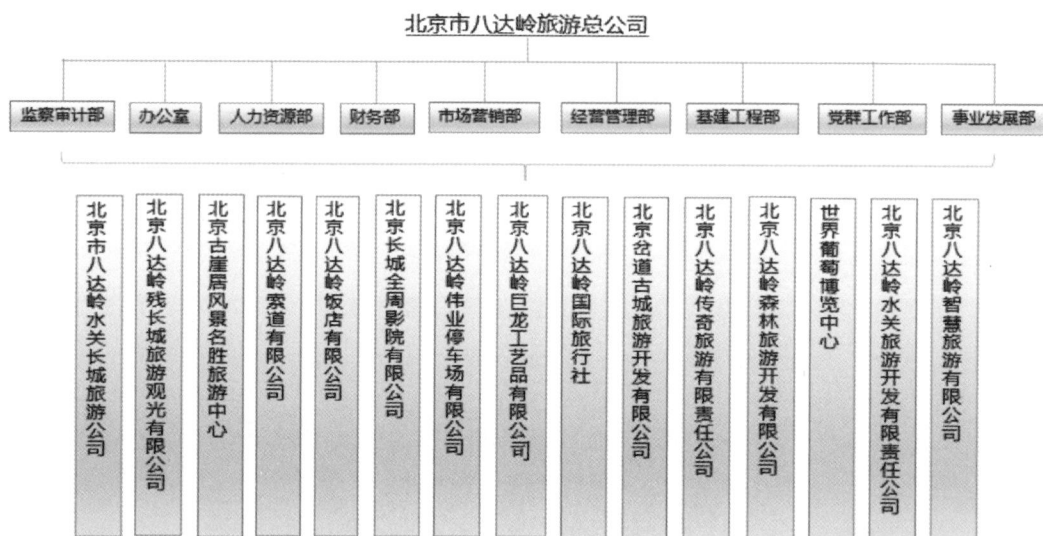

图 4-4　北京市八达岭旅游总公司组织框架（资料来源：北京市八达岭旅游总公司）

开放利用的主要形式。北京八达岭长城景区的开放利用方式主要包括本体攀登游览、博物馆展示以及遗产教育活动。在本体攀登游览方面，该景区开创了以长城点段作为参观游览区的先河，是游客登临长城并感受长城秀丽风光的代表性目的地之一，是国内以攀登游览为主要利用方式的长城景区的典范，使"不到长城非好汉"的印象深入人心。在博物馆展示方面，位于遗产地的中国长城博物馆与梦幻长城球幕影院采用文化旅游与科技结合的方式，改变了原本单一的长城文物本体利用方式，从游览方式以及游览内容等方面丰富了游客的参观体验，提高了游客对长城价值的认知。遗产教育活动方面，八达岭长城景区举行了一系列文旅活动，如"长城国际摄影周"、"长城爱国教育活动"、建立"港澳青少年游学基地"等，通过新颖的视角与创新的手段不断丰富长城利用活动与方式，积极满足大众的文化需求，成为开展业界遗产教育的重要场所。

开放利用的经济效益。在景区直接经济效益方面，北京八达岭长城景区旅游人数与旅游收益持续增长，经济效益明显。该景区自 2017 年游客量便突破了 900 万大关，至 2018 年更达到了990 万（图 4-5）。延庆区 2018 年 1-12 月份的 5A 级及主要景区旅游收入为 10.9 亿左右，其中门票收入为 7 亿左右，而仅八达岭长城的门票收入就为 4 亿。在资源带动产生的经济效益方面，作为八达岭长城的军屯，八达岭镇岔道村在长城开放利用的影响下，开展旅游活动已 40 余年，其中包括开设农家乐、成立社区旅游公司、租赁土地供景区社区建设等。近两年，村内近 60％ 村民开设农家乐、餐厅等，每户年增收 20－30 余万元；部分村民获得缆车索道等用地补偿款①。

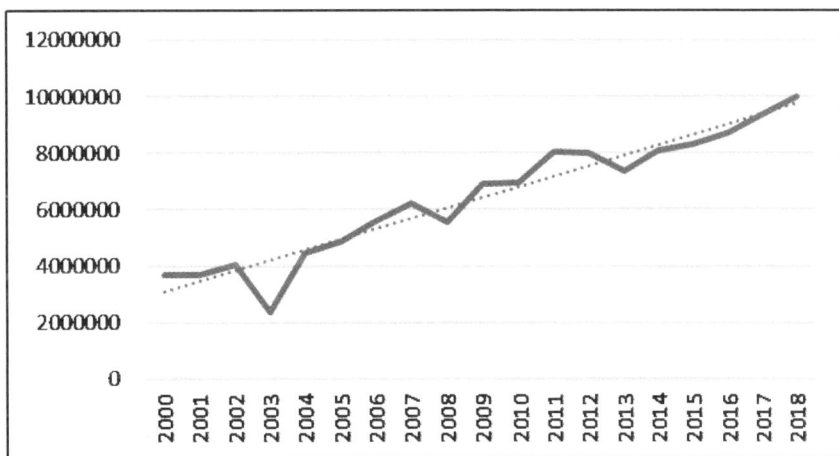

图 4－5　2000－2018 年八达岭长城段旅游人数（资料来源：八达岭特区办事处）

　　开放利用的价值阐释与展示。北京八达岭长城是最具代表性的明长城之一，是中华民族的象征，具有极高的民族精神价值和历史文化价值。作为我国最早开放的，八达岭长城已成为国家形象的代表之一，形成重要的国际影响力，具有突出的社会与经济价值。如今，北京八达岭长城景区已逐渐发展成为联络中国与世界的友谊之桥、中外游人了解长城历史和文化的课堂以及青少年爱国主义教育的基地等开放利用场所。八达岭长城遗产价值通过多样丰富的价值阐释与展示方式进行广泛传播，包括解说系统、博物馆及展览展示、节庆活动以及科普教育活动等。该景区不断构建与完善内部的长城遗产价值阐释与展示的解说系统，展示特定点段的历史文化信息，包括解说牌阐释、景区广播解说、讲解员与导游解说等（图 4－6）。景区内长城参观展览类的展示方式也日益丰富，将长城的历史与时代发展紧密相连，包括：以阐释长城发展历程，长城相关史实为主要内容的中国长城博物馆与梦幻长城球幕影院，以阐释长城保护发展历程与公众参与内容为主的长城摄影艺术展等，见图 4－7。北京八达岭长城景区的文化活动从多维度提升了价值阐释与展示的可参与性与体验性，包括突出地域民俗文化与突显多样性文化融合的长城文化节、国际文化艺术节等文化节庆，以长城保护与利用研究实践、还有以爱国教育和长城保护与利用的相关研究实践为主的科普教育活动等。这些或以长城物质资源为依托，或是围绕长城价值信息展开的活动（表 4－1），在一定程度上促使长城价值阐释与展示方式更多元化，推动了价值传播体系的系统性建设。

① 调研数据整理统计。

（a）本体导览图展示

（b）地质公园解说

（c）北门锁钥解说

（d）文物保护单位解说

图 4-6　关于长城遗产本体上的解说与展示标识

（a）长城博物馆内展示

（b）球幕影院内展示

图 4-7　脱离八达岭长城本体的解说与展示

表 4-1　北京八达岭长城景区的价值阐释与展示活动

类型	方式	时间	简要内容	价值传播作用
参观展览型	中国长城博物馆	1994	展示长城基本发展脉络	综合传播长城整体文化价值
	梦幻球幕影院	2017	阐述长城相关史实	以娱乐与长城文化相结合的方式扩大传播面
	长城国际文化艺术节	2007	长城艺术价值展示	主题活动切入长城遗产价值
科普教育活动型	长城爱国教育活动	2017-2018	各类组织进行的爱国教育与科普活动	开展科普教育活动，弘扬爱国精神，加深长城价值内涵

案例 4-2　山西偏关老牛湾景区

该景区以筑于明崇祯九年（1636 年）、晋蒙明长城防御体系中的一座军堡——老牛湾堡为核心吸引物，由忻州市政府于 2004 年向游客开放，由企业作为管理利用机构，为正式开放型；老牛湾堡整体空间环境保存状况良好（图 4-8）。截至 2018 年，仍有三栋民居被原住民居住，作为正常生产生活使用；部分空置民居已被开设为向游客开放的民宿、酿酒作坊、文化展览馆等，可直接开展参观游览与民俗体验等活动，为接触性利用型（图 4-9）。景区内已修复游览道路，兴建休息处、观景台、卫生间等设施及导览路线和指引牌，成为长城价值阐释与展示的主要途径（图 4-10）。

图 4-8　老牛湾堡整体空间环境

（a）民居改建开设的民宿　　　　　（b）堡内保留民居

图 4-9　老牛湾景区内民宿产品

（a）老牛湾堡入口　　　　　　　（b）堡内导引指示牌

图 4-10　老牛湾景区的古堡入口（可登临）与导引指示牌

开放利用的管理机构。2017 年山西偏关普惠公司接收山西偏关老牛湾景区，成为该景区的管理利用机构（表 4-2）。

表 4-2　山西偏关老牛湾堡开放利用的历史过程与管理主体更迭

时间范围	阶段性发展	管理主体
2004 年之前	原住民生活利用，并未对公众进行开放。	县级文物部门为监督管理主体，原住民为管理利用主体
2004—2017 年	老牛湾堡正式开放，开辟为参观游览区域。大部分原住民搬离堡寨；外部管理利用主体首次介入；利用方式以观光游览文物资源为主。	县级文物部门为监督管理主体，内蒙古旅游企业为管理利用主体
2017—2018 年	老牛湾堡内及周边文化旅游、科普教育活动增加，利用长城资源开展了部分经营项目。利用形式逐渐丰富、价值阐释与展示方式更为多样。	县级文物部门为监督管理主体，山西偏关普惠公司为管理利用主体

开放利用的主要形式。山西偏关老牛湾景区的主要利用形式为老牛湾堡的参观游览。景区以"黄河"、"长城"、"古堡"① 三大元素作为主要旅游吸引物，围绕黄河与长城的关系开展参观游览等活动，以民俗文化开展生活体验等项目，并已成为山西全域旅游的重要组成部分。在景区内部，老牛湾堡不仅是开展攀登游览等利用活动的核心吸引物，更为观赏黄河和长城遗产资源提供了观景平台和较好的视觉廊道，使游客获得身临其境的审美体验。地域民俗生活与堡寨式空间形成的特色环境，被开放为民宿体验场所，丰富游客对历史文化的感受与体验。2018 年《山西省黄河、长城、太行三大板块旅游发展总体规划》发布后，老牛湾堡的开放利用方式将进一步深化，将成为山西省长城旅游板块的龙头建设项目。

开放利用的经济效益。在景区直接经济效益方面，2018 年，山西偏关老牛湾景区游客量约 12 万，收入 500 万元，其中，门票收入占比 82%。在资源带动产生的经济效益方面，由老牛湾堡搬离的村民在临近区域新建了老牛湾新村，其中近 80% 村民开办了农家乐。这些利用活动为每户带来近 10 万元的年收益；部分旅游项目也获得政府的拨款支持。②

开放利用的价值阐释与展示。山西偏关老牛湾堡作为明长城防御体系之中的黄河沿岸军堡，具有建筑遗产价值和文化景观价值。山西偏关老牛湾景区内部已初步形成价值阐释与展示方式，包括解说系统、民俗展示馆与展示活动等。一是自导式解说系统，包括景区内部的解说牌、物品展示、解说折页与解说员。但相关设施尚未完善，如解说牌仅位于景区出入口，在长城文物本体、庙宇、戏台等相关构筑物附近并未设置；景区暂无语音广播讲解，亟待深入挖掘阐释与展示内容。二是价值展示与展示活动。例如，在景区内在已修复为戏台、酒庄等历史空间中，开展民俗文化节、文创产品展售等活动；在景区外的黄河及长城墙体沿线，冰上马拉松、户外徒步等体育赛事纷纷举行，丰富了长城遗产本体与周边环境资源的利用形式，但仍未突出长城的历史文化与精神等价值，有待与遗产价值内涵进一步融合。

（二）正式开放非接触性利用型

该类型指已开辟为参观游览区或居住体验区，具有政府行政主管部门许可的、负责该长城点段保护的开放利用机构或个人，能够准确向公众阐释与展示长城价值并有开放路线、必要的旅游配套服务设施、环境保护和生态保护措施，以展博物馆展陈、遗址展示、民俗文化节、研学教育等不接触长城点段的价值阐释与展示活动为主要利用方式的开放场所，如长城专题博物馆、地质公园、长城沿线特色小镇等（案例 4-3、案例 4-4）。

---

① 偏关县政府门户网站. 偏关普惠打造全域旅游排头兵老牛湾重装开业跻身致富快车，http：//pgx. sxxz. gov. cn/zwyw/bdyw/201712/t20171207_103237. html。

② 调研数据整理统计。

案例 4-3 甘肃嘉峪关长城博物馆

嘉峪关长城博物馆于 1989 年 10 月正式开馆，是我国第一座全面、系统地展示长城文化的专题性博物馆（图 4-11），是正式开放非接触性利用型长城的典型实例。该博物馆以时间历史为脉络系统梳理了长城的发展历史，将"春秋、战国长城"、"秦、汉长城"、"北魏、隋、唐、辽、金长城"以及"明长城"等重要历史时间段的相关长城资料进行展示，集中国史学界、文物考古界半个多世纪以来的长城研究成果于一体，是长城价值展示与传播的重要开放利用场所。甘肃嘉峪关长城博物馆是国内长城博物馆学习的模范与典型之一，对中国长城博物馆的发展具有重要的指导意义。

图 4-11 嘉峪关长城博物馆

开放利用的管理机构。甘肃嘉峪关长城博物馆自正式开放起，由嘉峪关市政府作为监督管理主体。在 2018 年机构改革后，该博物馆成为新成立的嘉峪关丝路（长城）文化研究院下设单位，受其直接管理。

开放利用的主要形式。甘肃嘉峪关长城博物馆的开放利用形式以参观展览、科普教育活动为主。馆内以烽火台式为建筑外形并内设 7 个展厅，向游人免费开放，主要陈展长城相关的历史遗迹，分别以图表、模型、图片以及史物等形式向游人展示长城发展历史。除此之外，博物馆还设有"兵器装备展览"、"嘉峪关文物展览"以及"名人书画展览"等主题展览，整体被打造成为一座有关长城历史与嘉峪关历史的专题博物馆。近些年，科普教育活动也成为该博物馆的主要利用方式。多所学校以及研学旅游团来此开展交流学习活动，将其作为爱国教育、长城历史文化科普教育的基地。

开放利用的价值阐释与展示。甘肃嘉峪关长城博物馆作为我国第一座展陈长城文化与历史的专题博物馆，为长城的相关研究提供了丰富、详实的资料，在长城博物馆的发展、价值传播等方面具有举足轻重的地位。一是展陈内容与方式，包括大量蕴含长城历史文化信息的实物展陈及嘉峪关市自然与文化遗存的展陈。二是解说系统的构建与完善，包括标识较为清晰的展示牌、较为深入与丰富的解说词以及具有一定经验的讲解员等。三是文创平台的建立，以长城文化、嘉峪关历史为主题进行文创产品的创作并展示，进一步阐释了其文化价值（图4-12）。四是研学旅游与遗产教育活动的开展。博物馆与多所学校与研学旅游团建立了联系，为中小学生开展爱国教育以及长城历史文化普及提供了绝佳的场地，拓宽了长城历史文化价值的传播渠道。

（a）嘉峪关长城博物馆科普介绍　　　　（b）嘉峪关长城博物馆文创产品（非卖）

图4-12　甘肃嘉峪关长城博物馆展示内容

案例4-4　山东泰安长城岭省级地质公园

该景区于2004年1月被山东省国土资源厅批准成为山东省第五批省级地质公园之一，为正式开放型。齐长城遗址作为公园的吸引物之一，其文物本体保存状况较差，仅剩地表原石遗迹（图4-13），可供观赏但无法被攀登，为非接触性利用型。

开放利用的管理机构。山东泰安长城岭省级地质公园内实施管理、经营主体一体化，其监督管理与管理利用机构均为岱岳区政府与下港镇政府。

开放利用的主要形式。山东泰安长城岭省级地质公园主要开放利用方式为参观游览，对于长城的利用主要为远距离观赏。伴随乡村振兴战略的实施，山东省全域旅游提出将齐长城风景廊道作为旅游空间格局组成部分的重要理念①。景区内的四界首段齐长城遗址的开放利用形式将逐步与下港镇及所属乡村旅游资源进一步结合，与农业产品、自然景观等有机融合。

---

① 中国经济网．山东：大力推进全域旅游高质量发展，http：//www.ce.cn/culture/gd/201811/20/t20181120＿30821990.shtml，（2018-11-20）。

（a）齐长城遗址　　　　　　　　　（b）齐长城遗址标志牌

图 4 - 13　长城岭地质公园内的四界首段齐长城遗址及标识

开放利用的价值阐释与展示。齐长城建造历史悠久，见证了各国军事纷争与封界的重要事实，具有极高的历史文化价值。然而，目前山东泰安长城岭省级地质公园对于齐长城价值的阐释内容较为单一且缺乏深度，对于齐长城价值的展示方式以长城遗址的文物本体呈现为主，仅有长城标识牌，没有具体、详尽的展示解说系统与多样丰富的展示活动，无法充分展示遗产价值。

（三）非正式开放接触性利用型

该类型指具有未经旅游及相关管理机构授权的长城管理使用者以及旅游服务设施，且在长城文物本体上已存在不符合相关条例与规范要求的攀爬、游览等人为活动的开放场所，如"野长城"等。山东泰安马套村齐长城遗址因暂无管理机构授权的管理利用机构，且以保护较好、较为完整的长城墙体成为公众徒步游览的场所，体现了该类型的典型特征（案例 4 - 5）。

案例 4 - 5　山东泰安马套村齐长城遗址

山东泰安马套村长城该遗址包括北马套北山段以及定头崖西山段，依靠石墙与山险共同筑成。该点段仅有长城保护监督管理机构，暂未作为景区对外开放，暂无专门的旅游经营管理机构。现存墙体保存状况较好（图 4 - 14），已存在违反相关法规条例规定的徒步、攀登等活动。因此，山东泰安马套村齐长城遗址为非正式开放接触性利用型。

开放利用的管理机构。山东泰安马套村齐长城遗址保护属于属地管理，由济南市与泰安市文保部门为管理机构，管理机构授权的管理利用机构。

开放利用的经济效益。目前，山东泰安马套村齐长城遗址资源带动产生的经济效益并不显著。在该遗址部分点段附近，部分乡村民居依托卧龙峪生态景区开设茶文化体验农家乐、遗址登临处设置石

图 4 – 14　马套村齐长城遗址

雕商铺，以吸引攀登徒步的游客带来一定经济效益。

开放利用的主要形式。目前，山东泰安马套村齐长城遗址主要为未经管理机构允许攀爬利用。2018 年山东省委、省政府印发的《大力推进全域旅游高质量发展实施方案》明确提及需要依托齐长城助推山东省乡村的旅游发展，加快构建大城市近郊乡村旅游圈，培育一批乡村旅游集群片区、乡村旅游园区①。在这一方案的助推下，该遗址将与乡村旅游结合，逐渐走向正式开放利用的道路。

（四）非正式开放非接触性利用型

该类型包括以下两类，指已开辟为参观游览区或居住体验区，但其管理利用机构未经审批复原文物或修复行为破坏文物真实性，且无法被公众接触的长城开放场所；或是指暂无旅游管理机构或其他管理使用者，未设置旅游服务设施，但已产生不符合相关条例与规范要求的游览行为，仅可用于远眺的开放场所。其内部开展的原址重建不符合原有遗址的真实性特征（案例 4 – 6）；其文物本体残损较严重且位置偏远不易抵达，而不具备接触利用的可能性（案例 4 – 7），都体现了该开放利用类型的典型特征。

案例 4 –6　山东济南七星台风景区

该风景区于 2001 年由济南市农业农村局提出作为发展济南市观光旅游农业的重点项目，2006 年被山东省旅游局评为 2A 级景区。齐长城遗址位于景区内部，但已被于原址上新建的明长城构筑物覆盖（图 4 – 15），无法被明确辨认，为非正式开放非接触性利用型。

①　中国经济网．山东：大力推进全域旅游高质量发展，http：//www. ce. cn/culture/gd/201811/20/t20181120 _ 30821990. shtml（2018 – 11 – 20）。

图 4 - 15　七星台风景区内四界首段齐长城遗址上的构筑物

　　开放利用的管理机构。山东济南七星台风景区内四界首段齐长城遗址的监督管理与管理利用机构分开设置。监督管理主体为县级事业单位章丘区齐长城景区管理处，隶属章丘区人民政府管理。该景区管理处设有办公室和开发部，为正局级内设机构。2016 年，山东七星台旅游开发有限公司成为该景区的管理利用机构，负责景区内旅游项目开发、停车场服务等活动的经营。

　　开放利用的主要形式。山东济南七星台风景区内已没有可被辨认的齐长城遗址，而是以模仿明长城形式的构筑物供游客参观游览为主要利用形式。随着 2018 年山东省将以齐长城为轴线、打造齐风山水休闲体验节点、构建齐文化遗产旅游廊道①的全域旅游项目推进，该风景区齐长城资源的开放利用形式将被整改。

　　开放利用的价值阐释与展示。山东济南七星台风景区以在齐长城原址上仿建明长城构筑物作为长城价值对的展示方式，设有解说牌，但是没有针对齐长城文化内涵与历史沿革的正确介绍与完整阐释。

案例 4 - 7　山西偏关老牛湾段明长城遗址

　　山西偏关老牛湾段明长城遗址包括一段沿黄河而筑的夯土墙体和五座烽火台②（图 4 - 16），其部分结构受风化等因素影响，有不同程度的破损。该点段明长城遗址的墙体与烽火台未纳入山西偏关老牛湾景区的开放区域中，暂无管理机构授权的利用机构。其地处山坡下且较难抵达，文物本体土夯结

---

　　① 中国经济网．山东：大力推进全域旅游高质量发展，http：//www.ce.cn/culture/gd/201811/20/t20181120_30821990.shtml（2018 - 11 - 20）。

　　② 中国文化遗产研究院．长城保护与开放利用对策研究课题报告，2018。

构残损较为严重而难以被攀爬登临，但因地处山西与内蒙古交界处的地理优势，该点段长城已成为内蒙古清水河县的老牛湾地质公园的主要景观资源。因此，山西偏关老牛湾段明长城遗址为非正式开放非接触性利用型（图 4 - 17）。

图 4 - 16　老牛湾段明长城遗址

图 4 - 17　老牛湾段明长城遗址的周边环境

开放利用的管理机构。山西偏关老牛湾段明长城遗址的墙体与烽火台的保护属于属地管理，尚无其他管理利用机构。

开放利用的主要形式。山西偏关老牛湾段明长城遗址的利用方式以观光游览为主。此段遗址与黄河、山体等结合形成的景观环境已成为山西偏关老牛湾景区、内蒙古清水河老牛湾地质公园观光利用的重要资源之一，是远眺观光、黄河坐船游、摄影、黄河冰上马拉松等文旅活动的重要组成部分。伴随 2018 年山西"长城旅游板块"建设理念的提出，此段遗址作为老牛湾重点建设项目的一部分，其开放利用形式或将有所转变。

开放利用的价值阐释与展示。山西偏关老牛湾段明长城墙体、烽火台等遗址与黄河以及周边的河谷相互融合、相得益彰，具有文化景观价值，其主要价值阐释与展示方式为解说以及实物展示。目前，在山西省境内，长城城墙及烽火台附近区域并未设置价值阐释与展示设施；在内蒙古境内，内蒙古清水河老牛湾地质公园设置了远眺古长城的观景平台、长城历史信息解说牌等设施，在景区内部的国家地质博物馆中，设有关于山西段长城历史文化等信息的文字与图片解说牌（图 4 - 18）。

（a）观景台处明长城信息解说牌　　　　（b）国家地质博物馆内部展示形式

图 4-18　内蒙古清水河老牛湾地质公园的明长城价值阐释与展示方式

三、保护与利用兼容的特征

资源分布区域广，但开放利用区域集中。据国家文物局 2016 年《长城保护报告》的长城资源普查数据显示，三分之一以上的长城资源分布于内蒙古，其次是河北、山西、甘肃、辽宁、陕西、北京等地。在开放利用方面，根据 2018 年《长城保护与开放利用对策研究课题报告》实地调研数据，以长城点段为主体的开放与利用场所共计 162 处。其中，正式开放接触性利用型长城总占比为 55.56%，以北京、河北、山西为主，三省的正式开放接触性利用型长城资源占比已超过总数的 1/3。总体来看，长城遗存分布与利用的区域差异大，如内蒙古的长城资源丰富，但其利用率占比却仅为 2.47%；北京的长城资源遗存占比排第七，但其利用率排名第一。

资源遗存量大，但开放利用对象集中。长城资源本体遗存主要包括墙体、敌楼、壕堑、关隘、城堡以及烽火台以及其他一些具备长城特征的历史文化遗存。根据长城资源调查数据，我国各类长城资源遗存总数达 43,721 处（座/段），总长度达 21,196.18 千米。其中，墙体和壕堑/界壕共 11,815段，占比为 27.02%；单体建筑共 29,510 座（主要包括敌台、烽火台、马面 3 种），占比为 67.50%；关堡共 2,211 座，其他相关遗存 185 处。据 2018 年《长城保护与开放利用对策研究课题报告》不完全统计，长城本体资源的开放利用主要表现为"以墙体为核心层、墙体外围的配套设施——关堡为中间层、墙体的附属资源——敌台为外围层、烽火台为边缘层"。在实践中，正式开放接触性利用型与非正式开放接触性利用型均以墙体和关堡为主，其次是敌台、烽火台；正式开放非接触性利用型与非正式开放非接触性利用型的长城本体以墙体、敌台为主，其次是关堡、烽火台。总体来看，长城虽然体量大，但其直接利用资源主要为关堡、墙体和敌台、烽火台等本体资源，较少开放利用其他相关长城资源。

遗产保护等级不一，但开放利用多的地方保存良好。在现有长城遗存中，列为国保单位的长城本体以古建筑类为主,主要是墙体、烽火台及其他单体建筑（表4-3）。从保护等级与利用方式的对应性分析来看,接触性利用型长城的国保与省保占比分别为64.84%、31.25%,非接触性利用型长城的国保与省保占比分别为61.76%、20.59%。从长城遗存的状况来看,目前总体保护良好。据长城信息系统统计,目前各朝代长城墙体消失段总长度6,548千米,占长城墙体总长度的30.9%,其中,建于明以前时代长城墙体消失段占比35.4%,高于明长城墙体消失段比例（23.3%）。根据中国文化遗产研究院2018年长城调查数据,在正式开放接触性利用型的长城段落中,保存状态为"较好"、"好"、"一般"和"较差"的比例分别为53.94%、1.12%、13.48%、17.98%;在正式开放非接触性利用型的长城段落中,保存状态为"较好"、"好"、"一般"和"较差"的比例则分别为21.05%、0.00%、10.53%、31.58%;非正式开放接触性利用型的长城段落中,相应的保存状况占比分别为33.33%、0.00%、23.08%、28.21%;非正式开放非接触性利用型的长城段落中,则为40.00%、0.00%、26.67%、13.33%。其中,正式开放接触性利用型保存较好的长城本体比例多于其他类别;接触性利用的长城本体保存较好的比例多于非接触性利用的,而保存较差或存在安全隐患的长城本体中,接触性利用的比例少于非接触性利用的。总体看来,符合条件的接触利用有利于保护长城本体的良好状态。

表4-3 国保单位中的长城资源统计①

本体类型	墙体长度（千米）	烽火台数量（处）	关堡数量（座）	其他单体建筑数量（处）	相关遗存数量（处）	遗存数量合计（座处）
古建筑类	10,016.91	2,920	786	9,366	9	13,081
古遗址类	602.70	396	93	1,656	0	2,145
合计	10,619.61	3,316	879	11,022	9	15,226
古建筑类占比	94.32%	88.06%	89.42%	84.98%	100.00%	85.91%

管理机构多样,职能工作暂无统一的合作与协调机制。目前,正式开放的长城场所主要包括监督管理与管理利用两大类机构,管理利用机构主要负责开展相关的旅游活动、设施建设与安全维护等工作,如将文物出现的险情等状况及时上报给监管机构;监管主体主要负责监督运营管理主体行为的合理性,如发现问题需即时向上级部门上报。根据2018年《长城保护与开放利用对策研究课题报告》实地普查统计数据,现有49个长城景区中监管单位种类较多,其中监管单位多为政府部门联合以及管委会（管理处）。具体比例为管委会（管理处）占34.69%、政府部门联合占24.49%、旅游局占12.25%、企业占12.25%、村集体占6.12%、文物局占6.12%、学术机构占2.04%、林场管理占2.04%。在这些景区中管理利用主体多样,以企业为主。具体比例为国企占25.00%、私企占23.22%、专门机构占12.50%、政府机关占10.71%、集体占10.71%、股份制占7.14%、事业单位占5.36%、政府派出单位占3.57%、合作社1.79%。总体看来,在长城正式开放场所中,文物部门工作

① 数据来源:于冰:《中国长城整体保护管理:挑战与探索》,《中国文化遗产》2018年第3期。

职能仍以监督管理开放场所为主；负责管理利用的机构中以旅游类机构占比较高，文物机构参与度较低，说明文物与旅游部门在正式开放场所的管理利用过程中参与度不够均衡，仍以各自职能指导长城保护与开放利用工作。

第四节　长城开放利用传统模式成就突出　亟待整合创新固化形象

目前，长城开放利用的传统模式发展效益显著，也提出了新时期的发展观念，但仍存在部分问题，如资源开放程度不高、利用手段有限等，阻碍了文旅融合战略的实施。未来，长城开放利用将遵循"优先保护、分级管理、选择开放、差别利用"的指导方针，积极响应并持续推进文旅融合战略，成为弘扬传统文化、彰显文明智慧、推动社会经济发展与生态文明建设、促进文化遗产可持续发展的先锋范例。

一、阶段性成就引领保护与开放利用融合开展

在国民文化自信建设中承担重要功能。随着文化自信建设工作的不断深入开展，长城作为中华民族文化精神象征的载体，历经保护、有序开放与合理利用的悠久历程，现已承担起文化自信建设的功能。长城开放利用的场所呈现的历史遗存、空间环境与景观风貌等成为传播民族文化、精神价值的重要载体。2017 年"国家文化公园"规划建设的提出以及 2018 年北京长城文化带的部署，进一步体现长城对于彰显中华优秀传统文化的持久影响力、革命文化的强大感召力的重要意义，使长城成为国家文化标识的重要组成部分。

在长城保护中发挥积极作用。实践表明，旅游利用已成为长城保护的一种重要方式。无论是接触性利用还是非接触性利用，旅游利用的经济效益、社会效益都与遗产保存状态正面相关。旅游利用促使公众对长城价值的认同度以及长城保护实践的参与度日渐提升，使长城在国内与国际的影响力日趋增强。

管理机构多领域融合。近年来，在文旅融合的背景下，《十三五规划》提出的文化行政管理体制改革以及国有文化单位改革的政策，指导长城保护与开放利用的管理机构逐渐明确。文化、旅游等各领域、多部门的管理与经营主体参与到长城开放利用事业中，在思想观念、项目建设等方面不断提升管理理念，着力解决保护与利用的失调性矛盾。

价值阐释与展示方式多元化。长城的保护与开放利用始终坚持恰当地使用多种艺术表现方式和技术手段，准确地向公众阐释长城的整体价值及其各点段的具体价值。目前，高科技的展示手段已被应用于长城博物馆中，使长城价值的展示方式更形象生动；沿线各地举行的长城价值展示活动多

样化，如跨区域的长城游、长城体育休闲赛事与民俗文化节等活动使公众能从多方面理解与体验长城价值。

二、现状问题阻碍开放利用持续推进

本体保护状态与利用方式不符，合理利用仍待改进。"从某种意义上说，利用是保护的最终目的"，但是不契合本体现存状态的利用反而会造成长城保护的危机。部分正式开放的长城点段出现错误与不合理的利用方式，如违背史实与遗产原真性的修建活动等，对本体造成不可逆的损害。部分非正式开放的长城点段本体情况残损较严重且没有被及时监管，在屡禁不止的私自攀登等活动影响下，面临更严重的破坏、损毁等情况。

管理机构暂未形成合作力量，协调机制尚未建立。长城开放利用场所的日常运营管理以旅游部门为主导，而文物部门仅负责长城保护。因此，在资源利用等方面，两大部门还存在意见分歧，难以达成共识。目前，现行法律法规仍分别以文物保护或旅游为主，暂未出台与文旅融合相关的新政策，致使文旅部门有效合作与协调机制的建立缺乏指导，暂未形成文物保护利用体制机制改革的整体思路。

资源利用整合度较低，未能有效带动沿线区域发展。长城作为涵盖多种本体类型、跨行政区、跨地域的线性遗产，由于各点段保护状态不同，各运营管理机构对其可产出经济效益的观念也有所差异。因此，同一点段资源不能被作为整体相互关联，无法呈现长城防御体系的整体形象与价值，无法实现相互关联、互为一体的开放利用方式。部分跨行政区的长城资源被割裂，致使长城开放利用没有起到带动沿线乡村发展或支撑全域旅游发展的核心作用。

形象塑造较固化，价值阐释与展示不够深入。目前，长城形象仍以北京八达岭、河北山海关、甘肃嘉峪关等明长城墙体、关城形象为主，较少塑造早期秦、齐、汉等多朝代长城堡寨、墩、台等多本体类型的形象，甚至出现部分景区错误仿建长城建筑景观的现象。长城的形成与发展历程及整体防御体系特征没有得到完整呈现，无法满足公众对长城文化更深层次理解的需求。长城价值的阐释与展示方式仍以传统本体展示或博物馆展示为主，阐释活动也不够丰富，未形成与长城文化深度融合的价值展示与阐释体系。

三、优化建议推动开放利用有序发展

结合长城开放利用的现状问题，本报告提出将"优先保护、分级管理、选择开放、差别利用"作为新时代长城开放利用工作的指导方针，并提出指导具体项目实施与开展的优化建议。

优先保护。保护好长城的本体及其周边人文、自然环境的完整性，处理好全面保存与重点保护的关系。对于绝大多数长城点段，重点做好日常维护管理、局部抢险和标识说明等工作。对于遗产价值突出的点段，在开展考古研究的基础上，科学有序地修缮加固，设置开放利用的服务设施，向公众展示与阐释长城真实完整的遗产价值。

分级管理。首先，对长城资源本身与周边环境资源按核心—外围层次进行分级管理。目前，长城本体包括长城墙体、壕堑/界壕、单体建筑、关堡、相关设施等各类遗存，具体可以分为城墙主体、城墙上附属设施与城墙外配套设施等三大类，属于核心管理层。而长城本体外的自然与人文资源列入外围层次进行管理。其次，依据长城属地管理的层级关系，构建自上而下与自下而上的管理互动反馈机制。

选择开放。结合长城遗产资源条件与当地社会经济发展的现状，选择性地开放不同点、段的长城。首先，将具有统一地理空间、历史信息的长城点段作为整体场所，依据资源条件、发展潜力与区域的可达性等再对其进行选择性正式开放。其次，非正式开放的长城依据正式开放的条件逐步转变非正式性的局面，将其对长城物质形态与价值信息的危害降至最少。此外，对于将正式开放为旅游利用的长城，依据当地旅游吸引物核心、附属、一般等三大层次分类，再有选择性地开放长城本体资源，促进资源的整体联合发展。

差别利用。依据现有长城遗产资源的类型与本体保护状态，差别性地采取利用方式，真实地、完整地向公众展示与阐释长城的遗产价值。以长城利用方式为依据开展不同活动，如接触性利用型长城本体及其整体保护状态较好，可为公众提供墙体攀爬、堡寨居住等体验活动，使其以实地接触的方式，更完整地体验并感受长城遗产价值；非接触性利用的长城，在保护其本体不受人为活动影响的前提下，可采取智能化、信息化等高科技手段，或与所在区域内自然、非物质文化资源结合开展相关活动，阐释与展示长城价值。

第五章　长城价值传播与社会参与

长城与中华民族的命运紧密联结在一起，长城精神深深融入中华民族的血脉之中，长城是社会公众关注度最高的文化遗产之一，也是社会参与最活跃的文化遗产之一。政府与社会力量共同传承与弘扬长城精神，始终是长城保护的首要之义。

上世纪 80 年代曾经掀起一场社会力量参与长城保护的热潮。30 多年后的今天，随着文物事业的快速发展和公众文物保护意识的不断提升，全社会关注、参与长城保护的氛围更加浓郁，"爱我中华，护我长城，修我长城"的热情更加高涨，参与主体更加多元，参与深度更加拓展。2017 - 2018 年，在中国文物保护基金会、腾讯基金会和社会各界的深度参与和有力推动下，全方位、多渠道、多形式参与长城保护的格局已经初步形成。企业为长城保护提供了资金支持和技术支持，在一定程度上弥补了财政资金的不足，也为长城保护带来新的理念；以中国文物保护基金会为代表的社会组织主动担当社会责任，在长城保护修缮、学术研究、宣传推广等方面作用突出，在政府、企业和公众之间架起有益桥梁，将长城保护社会参与推进到新的阶段；各地志愿者积极投身于长城保护事业，在调查研究、专业培训、宣传教育、监督举报等方面发挥着积极作用，使长城保护宣传的辐射面不断扩宽。2017 - 2018 年，社会力量参与有一个明显趋势，各个主体在参与长城保护的过程中不仅关注长城本身，而且关注周边环境、关注民生、关注教育，长城保护与经济社会发展的融合度越来越高，与民众生活的关联度越来越高，不仅使长城文化得到广泛传播，而且使长城保护的社会基础更加坚实。

第一节　"保护长城加我一个"开启社会力量多元参与模式[①]

中国长城跨越多种地貌及多个行政区域，且多处于不发达或欠发达地区，各地政府对长城保护资金的投入与需求相比往往捉襟见肘；同时，长城保护涉及国家、地方政府、文保机构、当地居民等各

[①] 本部分资料由中国文物保护基金会提供，如无特殊说明，图片均来源于中国文物保护基金会。

方面利益，保护和管理工作十分复杂，需要多方参与、精诚合作。2016 年 9 月，中国文物保护基金会与腾讯公益慈善基金会签署战略合作协议，成立了长城保护公益专项基金。专项基金成立后，开展了"保护长城加我一个"项目，成为国内首个利用社会力量和社会资金修缮长城本体的项目，并在资金募集、宣传推广、社会参与上开展了多项创新。项目以长城保护维修试点项目为依托，对长城保护维修项目在管理体制上进行创新，扩大了长城保护资金渠道，优化了资金管理机制，同时将长城文化与互联网技术相结合，运用科技保护与传承长城文化，打造长城新形象，吸引年轻人关注长城，走近长城，参与保护长城，使长城保护现状得到明显改善，形成可持续的长城保护系统。

图 5 – 1　长城保护加我一个 LOGO

中国文物保护基金会参与的长城修缮项目主要包括：箭扣 744 米，喜峰口 2000 多米，延庆古长城 1000 多米。一共筹款 4000 多万元，主要来源于企业捐资，社会公众捐资 300 多万元。经过两年多的准备，"保护长城加我一个"公募项目于 2018 年上半年取得实质性进展，箭扣和喜峰口两段长城维修相继进入工程实施阶段。中国文物保护基金会秉持开放、创新的理念，联合腾讯、英特尔、北京大学考古文博学院、长城小站等企业、高校和民间组织，将"保护长城加我一个"打造成为规模较大、社会公众广泛参与的一个综合性项目。该项目在保护理念、运作机制、项目模式方面有所创新，开创了"企业 + 文保部门 + 地方政府"三方合作的创新模式，开启了社会力量多元参与的保护模式。

一、坚持最小干预、现状整修的保护理念

最小干预、现状整修是这两段长城修缮的基本理念，具体采取什么样的干预措施需要论证。为了迈出实践性的一步，中国文物保护基金会多次组织长城所在地政府，专业力量，捐资方代表，工程设计、施工、监理方，以及长城所在地的保护管理机构共同论证箭扣和喜峰口的修缮技术方案，历经一年多的研讨，认为两段长城的维修重在解决结构稳定问题，有针对性地采取措施，避免出现新的坍塌，而不是完全重新修复，同时，还要妥善保护长城及周边环境的整体景观风貌，延续长城独特的文化景观特征。多方参与的论证过程保证了利益相关方的话语权，吸纳了更广泛的公众意见，技术措施经过

图 5－2　长城保护 2016 公募活动新闻发布会

充分讨论，更易被公众认可。

二、创新项目运作模式和资金管理机制

得益于资金来源于社会捐赠，针对长城维修在机制方面存在的障碍，中国文物保护基金会积极思考，拿出切实可行的解决办法。机制创新的根本目的是保证维修理念得以实现，保证工程质量，使长城维修符合文物保护规律。

在工程管理上，箭扣修缮实行"双甲方制"。"双甲方制"既清晰分割基金会与地方政府的权责，又实现了基金会与业主单位在工作上的互补，政府从原先的投入、执行者转化成了服务、管理、监督者。喜峰口的运作模式不同于箭扣。在法律关系上，基金会是单纯的出资人，业主单位的法定职责仍由长城所在地的文物部门承担。无论是箭扣的"双甲方制"还是喜峰口的运作模式，都是基金会经过认真思考总结出的重要成果，厘清了社会组织、政府、捐资人、中标施工方等各方的权利义务责任，解决了社会资本参与长城保护的运作模式问题，可以为今后的类似项目提供示范做法。

重视考古工作的介入和参与。箭扣修缮中坚持用考古的方法指导施工清理，包括对砖瓦等构件的整理收集，确定使用位置，为合理归安提供依据；对植被进行科学分类，分析植物根系对城墙的危害，拿出解决办法等。这些清理工作都在专业考古人员的指导下进行。考古手段的介入，对于实现"最小干预""不改变原状"的设计理念具有重要意义。

采取设计驻场机制。修缮过程中要求设计骨干全过程指导施工，遇到问题和疑问第一时间解决，保证设计理念和意图完整、及时地贯彻到施工中。

资金使用遵循文物保护规律。修缮费用采用客观定额标准，对工程中实际发生的费用合理评估确定；考虑天气因素合理安排工程进度，工程实施不赶工，遵循季节规律，施工可以跨年度。在资金使用上，实现资金去向全程公开透明。

图 5 - 3　基金会、方案设计团队、施工团队、考古团队、科技团队及长城所在地政府部门研讨修缮过程中的技术、机制等问题

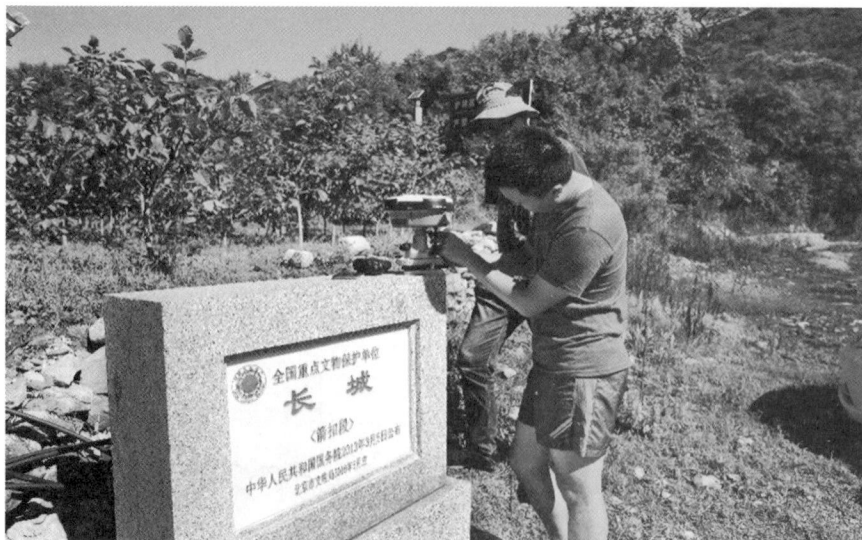

图 5 - 4　北大考古测绘团队在长城修缮现场测绘

三、探索科技助力长城保护新手段

基金会与 intel 合作，共同探索"科技助力长城保护"的新手段，长城维修首次与 AI 人工智能技术结合，为长城保护提供了一个全新的视角和模式。采用英特尔 AI 人工智能技术、无人机技术，通过

高清图像、数据和 3D 建模对箭扣长城进行远程检查和制图，以视觉化方式呈现箭扣长城的现状，运用人工智能技术对采集到的数据进行分析、处理以及虚拟重建，为修缮工作提供预判，迈出科技助力长城保护的第一步。

图 5 - 5　无人机测绘

图 5 - 6　无人机测绘后进行 3D 建模

图 5 - 7　箭扣施工现场

图 5 - 8　箭扣施工现场：骡子运输物料

图 5 − 9　箭扣长城修缮前后对比

图 5 – 10 喜峰口修缮现场

图 5 – 11 喜峰口修缮现场

四、研究推广助推长城文化价值传播

中国文物保护基金会通过举办活动、策划项目来扩大该项目的社会参与度，赋予该项目最大程度的公益性和开放性。

活动初期，为了让更多人了解长城，也为了回馈捐款人，基金会和长城小站合作，在室内和户外长城上举办"长城之友大讲堂"，邀请专业人士为大家普及长城保护知识，宣传长城文化，让参与者有实实在在的获得感。2017 年 6 月，基金会联合京津冀三地文物局，在山海关举办"长城保护修缮理念与实践论坛"，邀请长城沿线共 13 个省市文物部门、长城保护专家、设计施工监理等单位参会，研讨长城保护过程中的理念、技术，以及管理等共性问题。论坛的举办对于箭扣和喜峰口的修缮理念、技术措施的形成具有重要意义。

在两段长城修缮过程中，基金会与专业的纪录片团队合作，全程跟拍维修过程，制作专题纪录片。纪录片以长城维修工程为重点，以参与长城维修的各种人物为主线，呈现个体与历史的交汇，让公众了解长城保护中普通人的故事，了解长城维修的技术难度，用真实的情感和讲故事的方式拉近与公众的距离，更好地传播文化遗产保护理念。

纪录电影《筑城纪》由中国文物保护基金会、腾讯影业联合出品，界面新闻制作。与中国文物保护基金会主导的喜峰口西潘家口段长城保护修缮一期工程同步启动。全片采用真实电影的观察式拍摄手法，并利用航拍、水下拍摄等技术，将从古至今世世代代赋予长城的功能、美学、经济、精神象征等多重意义，通过东方式质朴、留白、细腻的镜头语言，重新解读并传递给大众。历时三年制作，为观众展现长城与人们的情感关联，表达中国人通抵古今的遗产观、审美观、宇宙观。与近年有反响的《徒手攀岩》《二十二》等不同，采用艺术手段与历史叙述、多位社会、群像式描绘相结合，形成具有更宏观大格局的电影。该片曾在 2018 年入围最具影响力的华人纪录片提案大会（CCDF）。

图 5 – 12　围绕长城修缮拍摄真实的纪录电影《筑城纪》

腾讯基金会在长城保护方面传播正能量。腾讯基金会撬动集团内部强大的创意、传播资源，以互联网、科技元素赋能长城保护，激发了年轻一代对祖国文化遗产的保护热情。两年里，腾讯新闻长期开辟长城保护专栏，挖掘传播长城文化知识和普通人参与长城保护的故事；每年"99 公益日"期间，腾讯基金会都把长城保护设置为重要的公益项目，举办一些有影响力的大型公益活动，创新公益形式，把长城保护元素植入腾讯的知名游戏中，扩大长城在年轻人心目中的影响力。

长城 IP 开发和转化取得初步成果。长城保护需要年轻人的参与，为长城注入新的活力，成为我们当代中国人的活的文化符号。为此，中国文物保护基金会依托腾讯基金会资源优势推出三个形象活泼的长城小兵形象：关小山、关小偏、关小小，三个形象分别来自于山海关、偏头关、娘子关。三位小兵通过自身的号召与我们一起参与长城保护，通过长城小兵微信公众号用漫画、视频科普长城小知识。在此基础上，还将 IP 转化，制作了深受公众喜欢的小兵形象文创产品：不倒翁存钱罐、三缺一 T 恤、烽火狼烟杯等，展现当代年轻人的热情、智慧、勇气与担当。

图 5 - 13　长城小兵文创

小程序打开公众参与新通道。为了做好长城文化知识的推广、修缮项目的前期宣传，2017 年，腾讯公司利用微信资源打造"长城你造不造"小程序游戏，使用长城 IP 形象：关小小、关小偏、关小山的卡通动漫形象鼓励大家加入长城小兵的行列，用户捐步或者邀请微信好友组团捐步，为长城献砖，轻松实现人人可公益，民众齐参与的文物保护新道路。2018 年，箭扣南段长城（151 - 154 段）启动，为了配合箭扣段修缮项目宣传，2018 年 4 月，"长城你造不造"二期上线，延续一期的捐步活动，助力长城修缮。并在"99 公益日"期间，与企鹅跑合作，通过"线上 + 线下"的合作新模式，将线下的运动成果转化为线上捐步、捐砖用于长城的保护修缮，在享受线下运动的乐趣的同时，也将这份乐趣通过支持长城保护的公益信念扩散出去。

图 5 - 14　小程序游戏

小程序让用户忽视人与长城的地理距离，通过每天捐步、捐砖来支持长城保护。为实现长城保护全民参与，轻松达成指尖公益迈出了一大步。"长城你造不造"小程序有以下亮点：

1. 首个文保领域公募活动与小程序相结合的小游戏，打开了微信用户参与长城保护的新通道；

2. 长城你造不造二期与企鹅跑的结合，在一期基础之上结合了线下 10 场运动赛事。线下企鹅跑设立积分兑换公益金程序，有利于线上线下公募活动的联动发展、相互带动；

3. 企鹅跑作为一款运动社交赛事，融合了大量年轻、时尚、娱乐的元素，深受青少年的喜爱，此次合作也为"长城你造不造"小程序小游戏提供了年轻的用户基础和流量，并打开了青少年关注长城保护的新局面；

4. 独特的参与活动和场地都为长城保护小程序小游戏带来了 10 个城市的用户支持，也通过这种新的合作方式，让更多人了解长城、热爱长城；

5. 新颖的参与模式受到广大微信用户的喜爱，尤其是吸引了大批青少年对长城保护事业的关注与支持。

6. 创造了轻松愉快的公益新方式，简单操作易推广，动动手指即可助力长城保护。

7. 在寓教于乐的方式中，传播长城小知识，积累长城保护事业的新种子。

8. 互联网＋公益的基础上引入捐步，倡导长城保护的同时也号召全民运动、健康生活。

"长城你造不造"二期运营 5 个月，累积访问量达到 147，890 人次，每日最高打开次数为 1739 人次。该项目 2020 年入选国家文物局 2018 年"互联网＋中华文明"示范项目，并在中国文物信息咨询中心公众号上作为优秀项目成果进行展推。

图 5－15　箭扣长城修缮团队：基金会、方案设计方、施工方、政府管理部门

"保护长城加我一个"历经两年多的实践和探索，取得了较好的社会反响，33 万余人关注并捐资。该项目已从单纯的文物维修延伸和扩展，逐步转变为知识传递、公众参与、体制机制创新的全方位、内容丰富的长城保护公益项目。在这个过程中，中国文物保护基金会构筑了一个政府、企业、社会组织、专业力量、当地社区各方的对话交流平台，其作用也从保护文化遗产地发展为建立在理解和尊重不同思想观念基础上的对话。这种对话有利于各方的相互交流和理解，这也是可持续发展的重要基础。

"保护长城加我一个"项目在 2017 年度"中国风物榜评选公益盛典"活动中获"文化保护创新奖"；2018 年国际数字遗产案例奖中，《人工智能助力保护箭扣长城》获"技术创新大奖"。

第二节　长城文化传播深度和广度不断拓展

长城具有特殊的历史文化价值，是中华民族的代表性符号和中华文明的重要象征。团结统一、众志成城的爱国精神，坚韧不屈、自强不息的民族精神，守望和平、开放包容的时代精神，都是长城精神的丰富内涵。在新时代，长城不断被赋予新的文化内涵。文化的传播是一个长期的潜移默化的过程，近年来，随着党中央国务院对长城保护工作重视程度的日益提高，长城文化的传播也呈现出多渠道、多层次、多形式的趋势，2017 年是长城入选《世界遗产名录》30 周年以及中国长城学会成立 30 周年，企业、社会组织、学校、志愿者、新闻媒体都发挥各自优势，组织开展了内容丰富、形式各异的宣传教育活动，在全社会传播长城文化、弘扬长城精神，长城文化的感召力和影响力不断增强。

一、全方位开展宣传教育活动，长城文化不断深入人心

2017 - 2018 年，各级政府部门及文物保护专业机构通过组织文化遗产日主题活动、校园公开课、长城文物捐赠、文化体育节、专题展览、普法宣传、教育讲座等各种形式开展了内容丰富的保护长城系列宣传教育活动。据不完全统计，2017 - 2018 年各级政府及文物文旅主管部门（行政），所属文物保护专业机构主办的长城宣传教育活动 20 余次，对宣传长城保护工作、提升社会公众对长城的认知水平、促进社会参与长城保护的积极性起到了良好的效果，其中河北、北京、山西举行的长城宣传教育活动较多。

张家口市发布《长城保护倡议书》。为加大草原天路沿线长城保护力度，进一步向社会各界宣传保护长城的重要性，树立人人参与长城保护理念，2017 年 9 月，张家口市人民政府举办保护长城，保护我们身边的古迹——保护长城系列宣传活动。宣传活动主要分为两部分，一是围绕《中华人民共和国文物保护法》《中华人民共和国文物保护法实施条例》《长城保护条例》《河北省长城保护管理办法》等法律法规及有关政策性文件展开宣传；二是宣传各地长城保护的成就、政策、措施，宣传长城

保护工作在推动经济社会发展中的重要作用，普及长城保护知识，吸引公众关注长城保护，增强全社会的长城保护意识，大力营造长城保护的良好氛围。活动发布《长城保护倡议书》，主要有五个方面：一是广泛宣传张家口长城重要的文物价值和深厚的文化内涵，让全社会认识张家口长城，了解张家口长城，重视张家口长城，保护张家口长城；二是长城沿线人民要自己带头作保护长城的模范，不损毁长城上的一砖一石，一草一木；三是向一切破坏长城的行为作斗争，在全社会营造一个保护长城光荣、破坏长城可耻的良好氛围；四是长城附近的所有开发项目必须遵循《张家口市人民政府关于保护与开发草原天路的通告》精神，严格审批，处理好景区开发和长城保护的关系，绝不因为工程建设而损毁长城；五是长城沿线所属乡（镇）、村以及各级单位都有保护长城的义务和责任，要主动向游客作好宣传，与长城和谐相处，相知相伴，心存敬畏。[①] 这是引导全社会参与长城保护的一项积极行动，有利于提高公众的长城保护意识，激发公众参与长城保护的热情。

在"文化和自然遗产日"举办长城专题活动。举办"文化和自然遗产日"主题活动是文化建设的重要手段，体现了党和政府对保护文化遗产的高度重视，也是文物部门向社会开展宣传教育的重要平台。2017—2018 年，各地在"文化和自然遗产日"活动中举办多次长城专题活动，突出的主题内容宣传为公众深入了解长城保护工作起到了重要作用。例如，2017 年，山西举办"爱我中华　护我长城——2017 年文化和自然遗产日山西主场活动"，通过《山西省长城保护成果展》《长城摄影展》提升了社会对长城保护工作的认知。2018 年，陕西省在"文化和自然遗产日"期间，在韩城主场宣读了陕西省文物局《关于表彰全省优秀群众文物（长城）保护员的通知》并颁发荣誉证书，在宜君分会场举办了中国长城保护利用高峰论坛，引起社会各界对长城保护员、长城保护利用的密切关注。

利用长城景观举办文化活动。将文化活动与长城保护结合，能够使社会公众通过喜闻乐见的形式接触长城遗产、感知长城历史文化。2017—2018 年，各地结合当地长城景观特色举办了丰富的文化活动。例如，2017 年 10 月，"中国大同第二届长城文化节"开幕。在一个月的文化活动中，举办了长城高峰论坛、长城书画展、"长城谣·大同颂"诗歌文艺晚会等丰富的活动，还向全社会征集"拓展长城天路旅游、加强长城保护研究"的论文、诗歌、摄影作品，掀起了社会关注长城的热潮。2018 年 4 月，北京延庆举办第四届八达岭古长城杏花节，让游人在赏花踏青之时感受古长城。2018 年，山海关景区作为长城世界文化遗产的窗口单位，注重将长城文化与旅游结合，策划实施了晨钟暮鼓、清帝祭祖等情景演出，以及"音乐节""民俗节""艺术节""诗歌节"等一系列丰富多彩的节庆活动和专题活动，这些活动极大地丰富了游客的游览内容，也为宣传山海关长城的历史文化起到了重要作用。

《文明守望》聚焦长城卫士。在《山西省动员社会力量参与文物保护利用"文明守望工程"实施

[①] 《保护长城系列宣传活动启动仪式在张家口举行》，国家文物局官网，2017 年 9 月 9 日，http://www.ncha.gov.cn/art/2017/9/9/art_722_143608.html。

方案》的行动框架下，山西省文物局、山西广播电视台、黄河电视台等单位共同策划推出大型文博栏目——《文明守望》，节目摄制组与长城卫士一起徒步探寻跨度 2300 多年的古长城，记录了他们保卫长城的动人故事与独具长城魅力的边塞文化。8 个摄制组，历时两个月，拍摄了上千小时的高清纪实素材和航拍素材，让世界看到了山西长城最震撼的画面。数十名长城卫士在《文明守望》大舞台相聚，呈现和解读山西长城的历史文化，组委会最终评选出"山西十大最美长城卫士"，他们对长城如痴如迷，不遗余力履行职责、守护长城，造福当地百姓，充分展现了长城保护队伍勇于担当的精神风貌。组委会给他们的颁奖词是："万里长城万里长，长城脚下是故乡，这是一群既平凡而又可贵的人，他们或生长在长城下，或工作在长城边，他们视长城为生命，视长城为知己，视长城为事业，数十年如一日，风雨任肆虐，雪霜无阻拦，荒野留足迹，青山洒血汗。他们清苦坚强的守护，执着痴情的跋涉，虽沧桑了面孔，却壮美了长城，他们身份不同，他们面孔不同，而他们却共享着一个最美的名字——长城卫士。"活动的开展引起社会各界对长城保护的高度关注和重视，进一步激发出大家积极参与长城保护的热情，全社会共同保护长城的氛围更加浓郁。

山西举行"请城砖回家·为长城疗伤"活动（案例 5 - 1）。山西省始终把长城保护工作摆在重要的战略位置，保护力度逐步加大，保护状况不断改善。但是，当前也面临着长城保护专业人员不足，社会大众保护意识欠缺等问题，保护任务仍然十分繁重。举行"请城砖回家·为长城疗伤"活动，就是号召长城沿线广大民众积极行动起来，把大家手头保留的城砖以及与长城有关的构件、匾额、碑刻、拓片、书籍、照片等老旧物件捐赠出来，全力做好长城保护利用工作，同时让每个人成为保护长城的公益使者，努力形成全民保护长城的广泛共识，凝聚修缮长城的合力，铸起新时代新的长城。该活动充满温情，得到社会广泛响应。

公众考古引发公众长城保护热情。考古对于社会公众来说既神秘又陌生，让长城考古专家与社会公众紧密接触，能够使那些对长城感兴趣的社会公众群体汲取丰富的专业知识。2017 年 4 月，河北省邢台市文物管理处、邢台县文物保管所联合举办"公众考古"活动，邀请一批对历史文化感兴趣的普通市民，共同现场踏查邢台县境内的马岭关明长城。这项活动以公众感到新鲜的方式，让普通市民参与到本市境内古长城的保护、开发及利用中来，唤起大众对文化遗产的重视和热情。

公益讲座传播长城精神。长期以来，有一大批具有一定考古历史知识和文化素养的社会公众对长城持续关注，举办专业水平较高的教育讲座除了能够满足这部分社会群体了解长城专业知识的需求，也对长城研究与价值传承具有重要意义。2017 年，为进一步提高长城与丝路文化研究水平，创造浓厚的文化研究氛围，为社会搭建专业学习的平台，嘉峪关丝路（长城）研究院开办了《丝路讲堂》。通过电视媒体、网络媒体向社会公众发送讲座通知，每期邀请国内外知名专家学者公开授课，讲授包括长城在内的丝绸之路研究等专业理论和国家"一带一路"倡议重要主张，综合阐释长城和丝路文化的历史价值、文化价值和精神。2017 - 2018 年，《丝路讲堂》已经举办了 12 期，收到了良好的社会反响。

案例 5 - 1　山西省 "请城砖回家·为长城疗伤" 活动①

　　近年来，习近平总书记对长城保护工作多次作出重要指示，要求加大工作力度、依法严格保护。山西省认真贯彻落实习近平总书记关于长城保护工作的重要指示以及国务院有关精神，始终把长城保护工作摆在重要的战略位置，保护力度逐步加大，保护状况不断改善。但是，长城覆盖范围广大，地理位置偏远，保护任务非常繁重，长城保护专业人员不足，社会大众保护意识欠缺，导致长城在遭受自然损毁的同时，其本体或周边不安全现象甚至违法行为时有发生，长城保护形势严峻、任重道远。

图 5 - 16　"请城砖回家，为长城疗伤" 活动启动仪式现场（大同市新荣区文化和旅游局供图）

　　2018 年 5 月 15 日，山西省 "请城砖回家·为长城疗伤" 活动启动仪式在久负盛名的得胜堡举行。举行 "请城砖回家·为长城疗伤" 活动，就是号召长城沿线广大民众积极行动起来，把大家手头保留的城砖以及与长城有关的构件、匾额、碑刻、拓片、书籍、照片等老旧物件捐赠出来，全力做好长城保护利用工作，为坚定文化自信、建设美丽家园，锻造 "黄河、长城、太行" 三大文化旅游板块，助推经济转型发展做出更大贡献，同时让每个人成为保护长城的公益使者，努力形成全民保护长城的广泛共识，凝聚修缮长城的合力，铸起新时代新的长城。该活动充满温情，得到社会广泛响应。

---

　　① 根据山西省文物局《 "请城砖回家·为长城疗伤" 活动启动仪式在大同得胜堡举行》等新闻报道整理。

活动中，山西长城研究保护会向十位突出人物颁发"山西长城研究保护十大突出人物"荣誉证书；朔州、忻州、大同、阳泉四市政府领导接受"爱我中华修我长城"战旗，长城保护志愿者代表、长城旅行爱好者代表、新闻媒体代表、长城保护员代表、学生代表、贫困户代表接受"保护长城，守望文明"战旗。

图 5-17　"请城砖回家，为长城疗伤"活动启动仪式现场（大同市新荣区文化和旅游局供图）

二、长城文化进校园，在长城边播撒保护的种子

长城小站长期帮扶长城沿线中小学校。长城小站组织长城志愿者深入长城沿线中小学校，建立长期帮扶关系，从建立班级图书阅读角、捐赠日常和学习用品、开展各种科技、艺术课程、改建学校食堂及公厕等各项实际工作帮助学校，获得在学校长期开展长城知识讲座和文化文物保护宣传的合作支持。截至 2018 年，助学点已增加到 20 余所，分布在山西、河北、辽宁等地的长城边上。

长城公益课堂深入人心。如何让长城文化知识得到更好、更多的传播，需要持久深入、全方位、多角度的宣传。2017 年，长城小站组建长城志愿者讲师团，分级完善长城公益课程，初步构建了"以长城文化讲座和保护员培训为主、以助教团和户外讲师为辅"的讲师团力量体系。公益课堂内容涉及长城导赏、长城民俗、环保绿化、户外安全等 11 个类别。讲师团成立以来，吸引了社会各界志愿者参加，通过公益课堂等形式广泛传播长城文化价值，产生良好的社会影响（案例 5-2）。

"小黄莺"争当长城文化传播者。河北省秦皇岛市山海关南园小学，有一个"小黄莺"宣讲团，均为小学三到六年级学生。他们以宣传、实践社会主义核心价值观和长城文化校本课程为内容。小宣讲员们利用上课的间隙和中午诵读的时间，走进学校各个班级，给同学们讲"长城公开课"，讲述山海关的故事，讲解长城蕴含的历史文化。寒暑假期间，"小黄莺"会开展一些社会实践活动，到长城博物馆、老龙头、天下第一关等景区，义务为游客介绍山海关、介绍长城。山海关区将长城文化与学校教学实践结合起来，以长城文化特色活动建设引领学校内涵发展。让孩子们在增长知识的同时实现综合素质的全面提升。

校园公开课形式新颖多样。河北省文物局、河北广播电视台联合主办，由小学生们参与的"爱我长城"校园公开课，该校园公开课采用全新授课模式，户外游戏真人秀＋现场知识点拨，旨在让孩子们从小就树立保护长城的理念，深入领悟长城精神，让每一位少年了解长城、关爱长城、守护长城。大同长城学会组织的"长城知识进校园"展出了长城文化的相关图片，用图文并茂的形式为孩子们介绍长城保护的成绩和面临的严峻形势。通过在广大学生中间普及长城知识，将长城保护的理念植入广大同学心中，以小带大，进而使长城保护成为全民的自觉行动。"长城知识进校园"对学校也是一个启迪，校方表示今后还将继续开展丰富多彩的主题教育实践活动，弘扬长城文化和传统文化。

案例 5-2　长城小站联合公益机构帮扶长城沿线中小学校①

长城保护的关键在于家住长城边的乡民，长城乡民谋取长城则长城毁，长城乡民保护长城则长城存！为帮助长城乡民树立"守长城、爱长城、护长城"的保护意识，2004 年以来，小站发起了"家住长城边"公益活动，经过探索实践，将终点聚焦在长城沿线学校的助学工作上，通过孩子们将长城保护、文化保护的理念普及到乡村家庭中去。

长城小站长期帮扶长城沿线中小学校。长城小站组织长城志愿者深入长城沿线中小学校，建立长期帮扶关系，从建立班级图书阅读角、捐赠日常和学习用品、开展各种科技、艺术课程、改建学校食堂及公厕等各项实际工作帮助学校，获得在学校长期开展长城知识讲座和文化文物保护宣传的合作支持。截至 2018 年，助学点已增加到 20 余所，分布在山西、河北、辽宁等地的长城边上。"以学校为根据地、以老师为播种机、以学生为宣传员"的助学模式，正在影响着越来越多家住长城边上的孩子们和乡亲们。2012 年长城小站与山西省天镇第四小学（原天镇县西南小学）建立助学关系，2013 年长城小站确立天镇第四小学为助学基地，并开展长期支持。学校青年语文教师孙磊在其教学班开展相关"日有所颂"等语文教学改革试点，伴随孙老师班升级，长城小站每年支持解决相关教学资源的支持工作。2017 年 6 月，孙磊老师所做的工作及取得的成绩获得了中国青少年发展基金会第四届"TCL 希望工程烛光奖"表彰。目前孙磊老师的教改经验已经在学校内逐步推广开来，长城小站的资助范围逐

---

① 该案例由长城小站提供。

步扩大。

公益机构合力帮助长城沿线学校。除了发动民间志愿者帮助长城边的学校，长城小站还寻求、支持其他组织机构一起来帮助长城边的学校。2017 年起，长城小站为北京四中校友会开展的北京四中高二支教实践活动提供校源支持，陪同四中校友会老师考察遴选长城边的支教点。2017 年至 2019 年高考季，北京四中派遣高二学生支教队伍前往河北滦平、怀来长城边的多所学校开展支教实践工作，让长城边学校里的孩子们有了接触来自北京一流学校的大哥哥大姐姐们的机会，也让四中的孩子们进一步了解了社会现状，鼓励他们要进一步努力学习。2017 年以来，长城小站带领北京齐化社区基金会、京东家电、石油社区、北京天通苑小学、北京实验二小、海淀民族小学、中国人民大学附属中学等机构的志愿者团体走进河北、山西长城边的小学里，为孩子们带去物资、课程和欢笑。2016 年 5 月至 2018 年 8 月，由"言乎言及"和"尼诺艺术"两家艺术机构和"绿孩子""长城小站"两家公益机构合作的乡村儿童美术课在线上开展。有三所小站支持的长城边的小学（学校能有分管美术工作的老师和参与意愿即可）40 多个孩子参加了连续三年的儿童美术课，通过每周线上美术课和教师点评，让孩子们在童年就能得到专业的美术老师点评、鼓励和指导。长城小站还将通过与更多长城边的公益机构合作，援助更多的学校，在长城两边构建起一道长城保护的珍珠链。

三、文体融合，共同铸造新时代的长城精神

极具挑战的长城马拉松。长城马拉松是国内首个以全球知名地标"长城"命名的马拉松赛事，起点设定在九谷口，终点落于慕田峪长城，围绕着古长城而跑，是最具中国文化符号的国际赛事。从长城跑向长城，跑友可用马拉松的方式领略不同的长城风光，更直观地体验长城。长城马拉松对于促进全民健身具有积极意义，同时对展现北京古都形象、传播弘扬长城文化、树立文化自信也具有重要意义。

千人徒步走长城。"千人徒步走长城"是 2018 中国·大同第三届长城文化季系列活动的一项重要内容，徒步全程约 12 公里，来自全市多家户外群体、俱乐部及公益团体近千人参加，其中有很多是多次参加宣传与保护长城的爱心人士。徒步走的过程中，有长城学者为大家讲解所经过长城的历史。组织此次活动的宗旨就是为了宣传长城、保护长城。通过实地走长城，让广大市民亲近长城、了解长城，领略大同长城的雄姿，增强保护长城的意识。

汉腾汽车溯源长城文化。2017 年 7 月－10 月，汉腾汽车与中国长城学会联合举办"探寻风景 溯源长城"长城体验之旅活动。此次活动从北京出发，历时 4 个月，横跨 10 多个省，途经 50 多个城市，跋涉逾 15000 公里，沿途探寻了山东齐长城、台州府城墙、湖南苗疆长城、南阳楚长城、甘肃汉长城，以及河北的山海关。此次活动邀请了众多长城精神见证者及亲历者，在长城入选《世界遗产名录》30 周年以及中国长城学会成立 30 周年之际，以实际行动共同溯源长城文化，发扬长城精神内核。通过这

次活动，不仅让大家了解了古代人民历经千辛万苦兴建长城以及现代长城工作者保护长城的故事，感悟中华民族灿烂辉煌的文化内涵，更体会了长城千百年来所传承的坚强意志与不屈品格。这次长城体验之旅是"中国文化之旅"，"寻根之旅"，是弘扬长城文化的重要举措。①

中华汽车助力长城巡查。2017 年 6 月 27 日，由国家文物局、辽宁省文物局、华晨汽车集团共同举办的"爱我中华　护我长城—中华汽车助力长城巡查"公益活动在辽宁绥中县九门口长城拉开序幕（案例 5-3）。此次中华汽车主动加入长城保护队列，不仅是企业深化品牌社会责任的又一次公益实践，更是体现企业公民带头保护民族文化遗产的责任担当。此次活动是履行《长城保护条例》关于"鼓励公民、法人和其他组织参与长城保护"法定职责的重要实践，是贯彻落实《国务院关于进一步加强文物工作的指导意见》的具体措施。②

案例 5-3　九门口长城举行中华汽车助力长城巡查公益活动③

2017 年 6 月 27 日，由国家文物局、辽宁省文物局、华晨汽车集团共同举办的"爱我中华　护我长城——中华汽车助力长城巡查"公益活动在辽宁省绥中县九门口长城拉开序幕。国家文物局副局长宋新潮、辽宁省人民政府副秘书长佟昭出席活动并致辞，来自长城沿线 15 个省区市文物执法部门的负责人、辽宁各地文物部门负责人、华晨汽车集团领导和员工代表、长城保护志愿者和媒体记者 130 余人参加活动。

宋新潮在致辞中指出，党中央、国务院历来高度重视长城保护工作。十八大以来，习近平总书记、李克强总理多次对长城保护作出重要指示批示，长城保护站在了新的更高起点。由于长城体量巨大、时代久远，大多地处偏远，基层文物保护队伍力量薄弱，使得长城保护工作的复杂性、艰巨性和长期性突出，对长城的全线监管、全面保护，有效预防和有力打击破坏长城行为，难度较大。

宋新潮强调，此次活动是履行《长城保护条例》关于"鼓励公民、法人和其他组织参与长城保护"法定职责的重要实践，是贯彻落实《国务院关于进一步加强文物工作的指导意见》的具体措施，是对党中央关于"广泛动员社会力量参与，努力走出一条符合国情的文物保护利用之路"号召的积极响应。长城保护事业唯有搭建更广阔平台，吸纳更广泛力量，拓展更有效活动，切实营造全社会共同参与、共同保护的良好氛围，才能为长城保护注入更加强劲、更为持久的动力源泉，最终形成政府主

---

① 《"探寻风景　溯源长城" ｜ 保护长城，汉腾在行动》，2017-10-24，https：//www.sohu.com/a/199813634_359057。

② 张伟：《爱我中华　护我长城——中华汽车助力长城巡查公益活动在辽宁绥中九门口长城举行》，《中国文物报》2017 年 06 月 30 日。

③ 张伟：《爱我中华　护我长城——中华汽车助力长城巡查公益活动在辽宁绥中九门口长城举行》，《中国文物报》2017 年 06 月 30 日。

导、社会力量共同参与的长城保护新格局。

佟昭表示，围绕长城保护工作，辽宁省文化厅印发《长城执法巡查实施细则》，成立长城管理办公室，建立毗邻长城段落联合管理机制，重点实施"绥中县长城保护与利用示范区"建设。"十三五"时期，辽宁省将落实政府责任，加大保护力度，促进社会参与，推动长城保护融入百姓生产生活，更好地服务经济社会发展。佟昭指出，华晨汽车集团是中国汽车工业自主品牌的主力军，努力践行企业社会责任已经成为企业文化和管理理念的重要内容。此次中华汽车主动加入长城保护队列，不仅是企业深化品牌社会责任的又一次公益实践，更是要体现企业公民带头保护民族文化遗产的责任担当，中华汽车将有计划、分步骤地组织企业员工和车友，全力支持长城沿线省份开展保护长城志愿巡查活动。

活动仪式上，宋新潮为长城保护巡查志愿者授旗，并在长城脚下为志愿者上了一堂题为"发现长城价值"的公开课，阐述了长城的军事防御价值、建筑科学价值、文学艺术价值、民族交流价值，以及长城对中华民族的精神价值。课后，宋新潮还与志愿者一起开展了长城巡查活动，发放宣传册，呼吁全社会共同抵制在长城上乱刻乱画、乱扔垃圾、攀爬野长城等不文明行为。

据悉，本次启动仪式结束后，中华汽车助力长城巡查公益活动将在辽宁省率先全面展开，国家文物局将适时对活动试点经验进行总结，并逐步推广。

第三节　初步探索长城保护协作参与模式

2017－2018 年，社会力量参与长城保护呈现出由单独参与向联合参与转变的新趋势，长城保护联盟和万里长城保护志愿服务联盟相继成立，有利于将最广泛的社会力量团结和动员起来，在更大程度上凝聚共识、凝聚力量，充分激发和释放社会活力和潜力，提升社会力量参与长城保护的整体效能。

一、长城保护联盟成立

长城保护联盟由中国文化遗产研究院、中国文物保护基金会、腾讯公益慈善基金会、北京市延庆区八达岭特区办事处、北京市昌平区十三陵特区办事处、北京市慕田峪长城旅游服务有限公司、天津市黄崖关长城风景名胜区管理局、河北省山海关区文物局、金山岭长城文物管理处、甘肃省嘉峪关丝路（长城）文化研究院等 10 家单位共同发起成立，并得到了各相关单位和机构的积极响应。联盟旨在进一步加强长城保护工作，共享各地长城保护、研究与利用成果，促进长城文化传播，进一步提升长城旅游品质。首批联盟成员单位 41 家，包括以长城为主要资源的全部 5A、4A 级旅游景区、部分重要点段的保护管理机构、专业研究机构、企事业单位和社会团体。长城保护联盟由成员自愿组成，是一个非法人性质的联盟组织，联盟秘书处设在中国文化遗产研究院。

2018 年 6 月 6 日，长城保护联盟成立大会在北京慕田峪长城景区召开。大会讨论通过了《长城保护联盟章程》（附件 5），围绕长城保护、展示利用、旅游管理、公众参与等方面进行专题研讨，腾讯公益基金宣布公开征集长城遗产标志方案，旨在通过对长城标志的创意设计，凝聚联盟力量和优势资源，推动长城保护工作的协调发展。

图 5-18　长城保护联盟成立大会现场（中国文化遗产研究院供图）

图 5-19　长城保护联盟研讨会现场（中国文化遗产研究院供图）

图 5 – 20 长城遗产标志征集活动海报

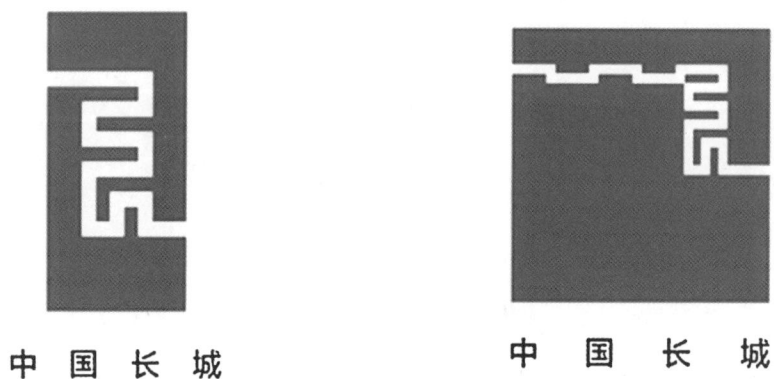

中 国 长 城   中 国 长 城

图 5 – 21 金奖作品 "源远流长"

（图片来源：https://www.logonews.cn/great – wall – new – logo.html）

图 5 – 22 最佳人气奖作品 "中华之魂"

（图片来源：https://www.logonews.cn/great – wall – new – logo.html）

    2018 年 8 月中旬，"长城遗产标志" 征集大赛正式在腾讯 NEXT IDEA 平台上线，面向全世界征集中国万里长城的遗产标志。截至 2018 年 10 月底，征集有效长城遗产标志作品共计 4895 份，其中各大高校选手作品共计 2351 份，专业设计团队（设计师、设计事务所等）作品 267 份，大众（普通老百姓）作品 2276 份。最终通过专业评委筛选和公众投票，选出入围作品 16 件，其中同济大学设计的"中华之魂"当选人气作品，中央学术学院设计的"源远流长"当选金奖作品。

二、长城保护志愿服务联盟助推长城保护监督

北京长城保护志愿服务总队勇当"长城卫士"。早在 1989 年，北京市政府出台了《北京市文物保护单位巡视检查报告制度暂行规定》，对全市行政区域内的文物保护单位分层级实行巡视检查和报告制度。北京辖区内的长城共有 573 公里，分布在全市 6 个区和 2 个特区范围内，长城一直是北京市巡视检查的重点，因此，北京市积极鼓励社会力量参与长城的保护监督工作。北京长城保护志愿服务总队于 2016 年成立，定期不定期开展长城巡查工作、捡拾垃圾绿色环保等活动，及时劝阻不文明行为；发现严重破坏长城的行为等，即刻向相关部门上报，是专业执法队的"眼"和"腿"，在长城保护巡查方面发挥了积极作用。

万里长城保护志愿服务联盟成立。2018 年 6 月 8 日，万里长城保护志愿服务联盟在八达岭长城成立，来自河北省张家口市和北京市延庆区、怀柔区、密云区的 10 支志愿服务队共同参与其中。联盟招募长城保护志愿者参加长城的日常维护，弥补长城保护长期以来人手不足、力量单薄的短板，同时更好地整合各地区长城保护志愿服务资源，不断加强对长城的保护和宣传，增强公众的文物保护意识。万里长城保护志愿服务联盟在八达岭长城志愿服务站开展"5 + N"志愿主题活动，"5"包括与朋友分享你的长城照片和体验；带走垃圾，维护长城的清洁；劝阻在长城上刻画的行为，维持长城原有风貌；给孩子们捐一本书——帮助长城边的乡村，即在帮助长城；如果发现疑似破坏长城的行为，请拍照、录像并立刻报告给文物执法机构或万里长城保护志愿服务联盟，"N"则是指讲长城故事、传承长城文化、号召更多的人加入到保护长城的队伍当中来。通过丰富多样的形式向世界各地到八达岭长城观光游览的 900 万/年游人发出参与长城保护的邀请，增强大家在游览中保护长城的意识，并将长城文化和保护长城的精神传播下去。[①] 万里长城保护志愿服务联盟旨在打造一个能够充分发挥志愿者价值的管理枢纽，今后还将逐步邀请其他地区的长城保护志愿服务团队或组织支持和加入，持续开展长城保护监督等志愿服务工作。

三、长城小站助力长城保护员队伍建设

当前，长城保护员普遍存在资金保障困难、业务素质不高、巡护装备不足等现实问题。如何建强

---

① 《黄廷方长城保护资金捐赠仪式举行　万里长城保护志愿服务联盟启动》，北晚新视觉网，2018 - 06 - 08。

用好这支队伍，是长城保护工作提质增效的有效途径，长城小站志愿者团队近年来一直朝着这个方向努力，取得了一定成效。

广泛宣传长城保护员典型事迹。为了让大家了解长城保护员的日常工作，长城小站自 2016 年下半年起开始寻访长城保护员优秀代表，跟踪深入他们的日常生活、跟随他们巡查长城、了解他们所做的各种努力和遇到的现实困境。长城小站志愿者分别在北京市密云区、延庆区，河北唐山、秦皇岛、涞源、张家口，山西广武，河南舞钢，甘肃山丹，宁夏固原等地发掘一批优秀长城保护员代表，通过新媒体将他们的故事广为报道，让人们关注到这个特殊的群体。同时，长城小站联合腾讯公益基金会、河北省摄影家协会等机构采访拍摄、报道他们的故事，为愿意采访报道长城保护员的各类媒体提供各种支持。

探索长城保护员的生存发展模式。目前，仅北京、内蒙、宁夏、新疆等部分地区长城保护员落实了最低工资待遇，大部分地区长城保护员几乎是义务劳动，如果要开展长城巡护，就要放弃外出打工的机会，生存就会受到影响，长城保护员的积极性受到很大影响。为此，长城小站志愿者深入村落调研，探讨长城保护员脱贫致富的可能性。通过指导当地保护员开展民宿招待，发展特色种植业、养殖业，设计组织红色旅游、研学游学等活动，帮助他们解决日常生活困难，确保他们能安心做好本职工作并得到能力增长。目前，长城小站已在河北保定涞源县唐子沟、张家口市青边口扶持建立了两个长城保护站，其中，河北涞源的"长城乌字号保护站"在探索开展以长城文化为主题的研学活动方面积累了较为丰富的经验和案例，成功接待了大型研学活动，可供借鉴和推广。

寻求社会资金支持长城保护员。为帮助解决资金难题，长城小站积极借助社会力量撬动长城保护工作。2018 年，长城小站相关策划得到中国文物保护基金会支持，由中国文物保护基金会发起"长城保护员加油包"项目，通过腾讯公益平台发起公开募捐，社会公众积极响应，有 1 万 3 千余人多次参与募捐，募集资金 13 万余元，募捐款项用于资助长城保护员业务培训、户外保险、巡护装备补充等相关经费支出，该项目取得了较好的社会效益。

第四节 开启国际合作交流

2017 年开始，以中国文化遗产研究院和英格兰遗产委员会为平台，中国长城和罗马帝国长城开启了有组织的广泛对话，并积极探讨各种合作方式。同时，嘉峪关等地也加强了国际合作交流。

一、中国长城与英国哈德良长城双墙对话

2017 年 2 月，英国文化协会和北京大学考古文博学院组织中英文化遗产高级别对话，中国文化遗

产研究院院长柴晓明和英国哈德良长城世界遗产委员会主席汉佛瑞·维尔法（Humphrey Welfare）先生分别介绍了中国长城与英国哈德良长城保护管理情况。

对于促进中国长城和哈德良长城这两个标志性世界遗产的对话和合作，双方表现出极大热情。后期合作意向在中国文化遗产研究院和英格兰遗产委员会之间经过充分协商，共同拟定了《关于英国哈德良长城与中国长城的全面合作协议》，获得国家文物局批准和支持。2017 年 12 月 7 日，在英国举行的中英政府间高级别人文交流机制第五次对话期间，在刘延东副总理与英国卫生大臣杰里米·亨特（Jeremy Hunt）见证下，柴晓明院长与英格兰遗产委员会首席执行官邓肯·威尔逊（Duncan Wilson）共同签署了《全面合作协议》。按照协议，双方希望双墙对话，促进双墙研究和公众认知，并以"双墙"合作为平台带动中英其他伙伴参与合作。

在《全面合作协议》的框架下，2018 年 3 月，中国文化遗产研究院与英格兰遗产委员会、哈德良长城世界遗产合作委员会共同主办了第一届"双墙对话—中国长城与英国哈德良长城保护管理研讨会"。这是中国长城和英国哈德良长城的首次全面对话，中国文化遗产院牵头组织邀请了来自北京大学、西北大学、中山大学、中国建筑设计研究院、首都师范大学、河南省文物考古研究院、金山岭长城文物管理处等国内高校和科研、管理机构的专家、中国文物保护基金会、长城小站、腾讯公益基金等深度参与长城保护工作的社会公益组织和企业的代表共 14 人与会。中国驻英使馆公使衔文化参赞项晓炜出席会议。来自英国哈德良长城、德国罗马界墙相关管理机构、高校、研究机构的 20 余名代表出席了会议。会议期间，中英双方代表在两国长城价值研究、保护管理、维修监测、展示旅游、社会参与等方面进行了广泛学术交流。通过本次学术交流，展示了中国长城保护管理理论研究和实践探索取得的成就，增进了两国长城遗产研究领域的相互了解，给与会国际同行留下了深刻印象，扩大了中国长城保护工作的影响。英国广播公司（BBC）对会议进行了现场采访，在纽卡斯尔当地及英国国内也引起了一定的社会反响。双方还就未来合作的潜在机会进行了深入的探讨，标志着中国长城和哈德良长城首度开启广泛对话和合作。

二、嘉峪关与约旦佩特拉古城合作

2017 年 3 月，中国长城嘉峪关与约旦佩特拉古城缔结为姊妹世界文化遗产地，签署签订合作协议。双方作为著名的世界文化遗产、古丝绸之路的重要节点，在文化旅游、市民互访、专家交流等领域取得了进一步发展。双方应借助协议签署的契机进一步开展深度合作，交流保护历史遗迹的经验做法。共同努力开发旅游资源，扩大旅游业规模，提升游客数量。

第五节　社会力量参与呈现新亮点，尚需加强顶层设计和支持引导

　　长城是中华民族的精神象征，是我国现存体量最大、分布最广的文化遗产，是人类历史上宏伟壮丽的建筑奇迹和无与伦比的历史文化景观，在国人心目中具有极为崇高的地位。全面推进长城保护利用和传承发展，发挥长城在传承中华文化、弘扬中国精神中的独特作用，既需要充分发挥各级政府主导作用，也需要广泛动员社会力量参与。总体来看，2017－2018 年，各级政府、文物行政部门、企事业单位、社会组织、志愿者都开展了丰富多彩的社会参与和价值传播活动，取得较好效果，中国文物保护基金会和腾讯基金会深度参与长城保护和研究推广是重要亮点，在很大程度上拓展了社会力量参与长城保护利用的深度和广度。在"保护长城　加我一个"项目中，企业不再是简单的资金捐赠者，而且是保护修缮项目的深度参与者，同时也是文化产品的重要研发者。腾讯在与中国文物保护基金会的合作过程中，始终将长城文化传播作为重要内容，不仅为长城保护带来新理念、新技术，而且将长城主题植入到游戏、动漫、网络专栏、文创产品中，充分利用新媒体和互联网，吸引了更多年轻人关注和参与长城保护的热情，充分显示了高科技企业的文化担当，进一步提升了企业形象，增强了企业的社会影响力。"保护长城　加我一个"作为国内首个利用社会力量和社会资金修缮长城本体的项目，不仅在保护理念、管理机制、技术手段等方面取得创新和突破，而且在凝聚利益相关者共识、调动多方积极性方面也卓有成效，是一次成功的创新性尝试。

　　与 2016 年国家文物局以及长城沿线各地举办的系列主题宣传活动相比，2017－2018 年的长城宣传教育活动热度有所下降，影响力有限且缺乏一定的系统性，地域分布也不够均衡，这与 2016 年是《长城保护条例》颁布十周年密切相关。下一阶段，应切实加强长城价值传播和社会参与的长远规划和总体设计，更好地发挥长城保护联盟、万里长城保护志愿服务联盟等平台的重要作用，充分利用"文化和自然遗产日""国际古迹遗址日""国际博物馆日"等重要契机，组织形式多样、内容丰富、受众面广、影响力大的活动，将最广泛的社会力量调动起来，将更多优势资源整合起来，切实营造全社会共同关注、共同参与、共同保护的良好氛围，为长城保护注入源源不断的动力和活力，推动长城在保护中发展，在发展中保护，让长城精神和长城文化在更大范围内得到弘扬传播，为实现中华民族伟大复兴的中国梦凝聚起磅礴力量。

第六章 综述与总结

回顾 2017-2018 年，在中国发展步入新时代的新历史阶段，长城保护也迎来新的使命，开启改革创新的新征程。在前阶段长城保护工作成果基础上，长城保护前进的步伐更加坚实，管理日益精细，执法督察有力，基础继续夯实，开放不断活跃，社会参与持续增温，国际交流拓宽渠道。

长城作为具有世界影响的超级复杂文化遗产，在新时代的新历史方位中使命重大，应当发挥更加突出的"价值引领力、文化凝聚力和精神推动力"[①]。《长城保护总体规划》明确长城保护总体目标为传承弘扬长城精神，宣传推介长城文化，保护长城建筑遗产，延续长城文化景观。结合目前长城保护管理中存在的不足，建议加强以下方面的工作。

重点弥补长城考古研究短板，加强长城考古组织和资料报告工作。加强对已有长城资源调查数据的挖掘分析，组织实施长城区域综合考古调查研究，配合长城保护维修工程开展考古清理研究，加强长城考古资料集成汇总研究与典型点段微观研究结合，揭开长城悠久丰富历史中蕴含的巨大宝藏，为长城价值认知、保护维修、展示传播提供科学支撑。

加强长城阐释宣传统筹策划，主动衔接文旅融合。面对长城文旅融合新形势，加强长城开放利用、宣传教育和文化旅游的顶层设计和协同组织，实施长城统一标识系统建设、长城解说系统建设，促进区域协同，使长城国际认知度优势覆盖更多长城区域和更多长城类型。加强长城宣传教育工作的计划性、系统性和协调性，促进考古长城和监测长城成果转化，提升长城解说与开放利用品质和魅力，扩大长城价值传播影响力，让更多长城走近更多民众。

推动实施长城日常监测与养护行动，助力长城基层队伍能力建设。在加强长城保护工程项目管理的同时，运行实施覆盖长城全线的监测系统，促进各级文物部门与长城保护管理机构日常监测养护能力建设。监测是长城预防性保护基础，通过互联网、大数据、人工智能以及宏观、中观、微观技术应用，助力长城沿线基层文物保护管理力量和社会力量，提高长城风险灾害的监测、记录和评估水平，为长城保护维修与抢险加固项目决策和实施提供科学依据，提高防范和控制能力。

[①] 中办国办印发《国家"十三五"时期文化发展改革规划纲要》。

　　谋划长城国家文化公园体制机制创新，协同长城文化景观保护与区域生态文明建设。长城是中华大地千百年形成的人与自然环境联合工程奇迹，对自然生态、人居环境、城乡格局演变产生深远影响。长城保护离不开生态保护，生态保护需要尊重历史环境。长城文化公园规划应当借鉴国家公园体制改革经验，将长城保护与生态文明建设、国土空间规划、区域协调发展、乡村振兴、脱贫攻坚等战略统筹协调，以长城为主题，推动长城地带历史文化与自然环境生态相融合的综合发展模式，建设美丽长城家园。

附　件

附件 1　长城资源调查报告出版成果列表

省份	报告名称	编著单位	出版社	出版年度
天津市	《天津市明长城资源调查报告》	天津市文物局、天津市文化遗产保护中心、天津市明长城资源调查队	文物出版社	2012 年
河北省	《河北省明长城资源调查报告—涞源县卷》	河北省文物局、河北省古代建筑保护研究所、河北省明长城资源调查队	文物出版社	2010 年
	《明蓟镇长城石刻》	河北省文物研究所	文物出版社	2017 年
内蒙古自治区	《内蒙古自治区长城资源调查报告—明长城卷》	内蒙古自治区文化厅（文物局）、内蒙古自治区文物考古研究所	文物出版社	2013 年
	《内蒙古自治区长城资源调查报告—东南部战国秦汉长城卷》	内蒙古自治区文化厅（文物局）、内蒙古自治区文物考古研究所	文物出版社	2014 年
	《内蒙古自治区长城资源调查报告—北魏长城卷》	内蒙古自治区文化厅（文物局）、内蒙古自治区文物考古研究所	文物出版社	2014 年
	《内蒙古自治区长城资源调查报告—阿拉善卷》	内蒙古自治区文化厅（文物局）内蒙古自治区文物考古研究所	文物出版社	2016 年
	《内蒙古自治区长城资源调查报告（战国赵北长城卷）》	内蒙古自治区文物考古研究所	文物出版社	2018 年
辽宁省	《辽宁省长城资源调查报告》	辽宁省文物局	文物出版社	2011 年
	《辽宁省燕秦汉长城资源调查报告》	辽宁省文物局	文物出版社	2017 年
吉林省	《吉林省长城资源调查报告》	吉林省文物局	文物出版社	2015 年
山东省	《齐长城资源调查工作报告》	山东省文物局、山东省文物考古研究所、齐长城资源调查工作队、山东省博物馆	文物出版社	2017 年

省份	报告名称	编著单位	出版社	出版年度
陕西省	《陕西省明长城资源调查报告·营堡卷》	陕西省考古研究所	文物出版社	2011 年
	《陕西省明长城资源调查报告》	陕西省考古研究院	文物出版社	2015 年
	《陕西省早期长城资源调查报告》	陕西省考古研究院、西北大学文化遗产学院	文物出版社	2015 年
青海省	《青海省明长城资源调查报告》	青海省文物管理局、青海省文物考古研究所	文物出版社	2012 年
宁夏回族自治区	《宁夏明代长城·河东长城调查报告》	宁夏文物考古研究所	文物出版社	2017 年
新疆维尔自治区	《新疆维吾尔自治区长城资源调查报告》	新疆维吾尔自治区文物局	文物出版社	2014 年

附件 2　蓟州区长城保护员制度

一、管理范圆

蓟州区的古长城全长 40283.06 米，有关城 1 座，寨堡 9 座、敌台 85 座、烽火台 4 座、火池 15 个、烟灶 40 个、居住址 41 座、水窖 11 个、水井 4 口。涉及下营镇的 11 个行政村和八仙山管理局、梨木台旅游公司、黄崖关长城管理局三个国有单位。

二、聘用长城保护员情况

根据长城段落的具体位置、自然环境，聘用长城保护员 16 人，其中下营镇 12 人、八仙山管理局 2 人、梨木台旅游公司、黄崖关长城管理局各 1 人。

三、聘用长城保护员条件

1. 十八周岁以上，六十五周岁以下，身体健康，具备初中以上文化程度。

2. 无违纪违法犯罪记录。

3. 具有一定的长城保护知识，具备巡查、看护长城的工作能力。

4. 热心长城保护工作，责任心强。

四、长城保护员职责

1. 严格遵守并积极宣传文物保护法律法规和政策。按照文物安全总体目标和相关要求，树立安全第一的思想，切实将安全工作贯穿到工作中，确保自身及文物安全。

2. 在区文物行政部门和所在地政府及单位领导下，了解看护地段长城的基本情况，熟悉长城保护的基本要求。严格执行《长城保护员管理办法》，做好看护巡查工作，认真填写日常巡查记录表。

3. 检查长城保护地段的保护状况以及保护范围和建设控制地带内格局、环境景观和历史风貌现状。

4. 对破坏、污染长城及其附属文物的行为；破坏、污染长城保护范围和建设控制地带内原有格局和环境、历史风貌的行为；擅自移动、拆除、污损、破坏长城保护标志等违法违章行为，能够及时发现、报告文物行政部门，并采取妥当方式予以制止。

5. 发现长城及其保护范围和建设控制地带受自然损坏现象或存在的自然损坏隐患，及时采取妥善保护措施，并向文物行政部门报告。

6. 及时准确上报或反映长城安全信息。发现盗掘、破坏、污损文物等违法现象，及时报告文物行政部门，并积极协助文物、公安部门做好查处工作。

7. 及时上交在长城巡查及其他途径所获取的长城文物和相关资料，或提供相关信息。

8. 保证每周对本辖区长城段落全程巡查 1 次，重点时期（汛期、旅游旺季）2 次，并记录巡查日志，每次用手机拍摄巡查照片不少于 10 张，当天用微信回传建立的长城保护员工作群，区文物科做好照片的整理工作。并于每月末上报巡查记录。

9. 做好对零散游客和攀爬长城人员的文物保护宣传和必要的劝阻工作。

10. 严守国家文物机密，未经法定程序批准，不得擅自对外提供未经发表的重要文物信息和资料，不得借机谋取私利。

五、长城保护员表彰与奖励制度

1. 长期担任长城保护员工作成绩突出的；

2. 及时发现并报告自然或者人为损毁长城情况，积极采取有效措施，使长城免遭破坏或减少损失的；

3. 积极配合文物、公安等部门，在查处破坏长城违法犯罪活动中成绩显著的；

4. 在其它长城保护工作中有突出贡献的。

六、长城保护员惩罚制度

1. 连续 1 个月不开展巡查工作，季度总巡查次数少于 8 次，连续两个月没有上传巡查照片和巡查记录的；

2. 发现破坏长城违法犯罪行为不及时报告的；

3. 利用担任长城保护员之便，谋取非法私利，造成不良社会影响的；

4. 不履行长城保护员职责，造成严重后果的。

七、长城保护员待遇标准

1. 区文物主管部门为聘用的长城保护员提供必要的巡查、看护工具，并参保人身意外保险；

2. 给予下营镇 11 个行政村的 12 名长城保护员发放补助，补助标准为每月每人 600 元。

八、组织培训、资金管理

区文保所负责长城保护员的每年一次集中培训工作。邀请相关领域专家学者，培训内容涵盖长城保护法律法规、日常巡查规范、巡查摄影等。

每年，区财政拨款 16 万元，用于长城保护员工资、巡查装备发放和更新等。八仙山管理局、梨木台旅游公司、黄崖关长城管理局的保护员由单位发放工资，区文保所负责相关人员的人身意外保险等。

附件3　全国长城保护法律法规列表 （截至 2018 年）

序号	地区	名称	级别	颁布机构	颁布时间	类型
1	全国	长城保护条例	国家级	国务院	2006 年	行政法规
2	全国	长城"四有"工作指导意见	国家级	国家文物局	2014 年	规范性文件
3	全国	长城保护维修工作指导意见	国家级	国家文物局	2014 年	规范性文件
4	全国	长城执法巡查办法	国家级	国家文物局	2016 年	规范性文件

序号	地区	名称	级别	颁布机构	颁布时间	类型
5	全国	长城保护员管理办法	国家级	国家文物局	2016 年	规范性文件
6	北京	平谷区长城保护管理规定	县级	平谷区人民政府	2004 年	规范性文件
7	北京	文物景区巡查制度	县级	延庆县八达岭特区办事处	2015 年	规范性文件
8	北京	北京市长城保护管理办法	省级	北京市人民政府	2003 年颁布，2018 年修订	地方政府规章
9	河北	金山岭长城管理处规章制度	县级	滦平金山岭长城管理处	2014 年	规范性文件
10	河北	河北省长城保护办法	省级	河北省人民政府	2016 年	地方政府规章
11	河北	秦皇岛市长城保护条例	市级	秦皇岛市人民政府	2018 年［2004年颁布的《秦皇岛市长城保护管理办法（暂行)》废止］	地方政府规章
12	内蒙	伊金霍洛旗秦国长城遗址保护管理暂行办法	县级	伊金霍洛旗人民政府	2007 年	规范性文件
13	内蒙	呼和浩特市长城保护管理办法	市级	呼和浩特市文化局	2011 年	规范性文件
14	内蒙	呼和浩特市长城保护站管理制度	市级	呼和浩特市文物事业管理处	2012 年	规范性文件
15	内蒙	长城管护员工作职责	市级	呼和浩特市文物事业管理处	2012 年	规范性文件
16	内蒙	包头市长城保护条例	市级	包头市人民代表大会	2017 年	地方性法规
17	内蒙	巴彦淖尔长城保护管理办法	市级	巴彦淖尔市人民政府	2017 年	地方政府规章
18	辽宁	葫芦岛市九门口长城保护管理规定	市级	葫芦岛市人民政府	2002 年	地方政府规章

续表

序号	地区	名称	级别	颁布机构	颁布时间	类型
19	黑龙江	牡丹江边墙保护管理办法	市级	牡丹江市人民政府	2012 年	地方政府规章
20	山东	齐长城安全保护责任书	县级	沂水县文化广电新闻出版局	2009 年	规范性文件
21	陕西	魏长城巡查管理制度	市级	魏长城文物保护管理所	2001 年	规范性文件
22	甘肃	武威市凉州区长城保护管理办法	县级	凉州区人民政府	2009 年	规范性文件
23	甘肃	山丹县长城保护管理办法	县级	山丹县人民政府	2009 年	规范性文件
24	甘肃	甘肃省文物保护条例（2010年修正本）	省级	甘肃省人民代表大会	2010 年	地方性法规
25	甘肃	玉门关遗址保护管理办法	市级	酒泉市人民政府	2013 年	地方政府规章
26	甘肃	定西市战国秦长城协议管理办法（试行）	市级	定西市文物局	2018 年	规范性文件
27	甘肃	定西市长城保护员聘用管理办法（试行）	市级	定西市文物局	2018 年	规范性文件

附件4　长城开放利用分类一览表

序号	省级行政区	场所名称	开放类型	利用类型	开放时间
1	北京	长峪城	正式开放	接触性利用	不详
2	北京	白羊城	正式开放	接触性利用	不详
3	北京	居庸关	正式开放	接触性利用	1998 年
4	北京	南口城	正式开放	接触性利用	不详
5	北京	黄花水长城	正式开放	接触性利用	2003 年

序号	省级行政区	场所名称	开放类型	利用类型	开放时间
6	北京	响水湖景区	正式开放	接触性利用	1997 年
7	北京	慕田峪景区	正式开放	接触性利用	1988 年
8	北京	青龙峡景区	非正式开放	非接触性利用	不详
9	北京	河防口长城	非正式开放	接触性利用	不详
10	北京	一脚踏三省	非正式开放	非接触性利用	不详
11	北京	箭扣	非正式开放	接触性利用	不详
12	北京	将军关	正式开放	接触性利用	不详
13	北京	黄松峪	非正式开放	接触性利用	不详
14	北京	四座楼	非正式开放	非接触性利用	不详
15	北京	古北水镇	正式开放	接触性利用	2013 年
16	北京	铁门关	正式开放	接触性利用	不详
17	北京	卧虎山长城景区	非正式开放	非接触性利用	2002 年
18	北京	蟠龙山景区	正式开放	接触性利用	不详
19	北京	东极仙谷自然风景区	正式开放	接触性利用	2009 年
20	北京	遥桥峪	非正式开放	接触性利用	不详
21	北京	云岫谷	非正式开放	非接触性利用	1991 年
22	北京	头道沟	非正式开放	接触性利用	不详
23	北京	雾灵山景区	正式开放	接触性利用	1998 年
24	北京	桃源仙谷	正式开放	接触性利用	1998 年
25	北京	云蒙山长城遗址公园	正式开放	接触性利用	2003 年
26	北京	灵山自然风景区	正式开放	接触性利用	不详
27	北京	沿河城	正式开放	接触性利用	不详
28	北京	黄草梁风景区（正在开发）	正式开放	非接触性利用	不详
29	北京	延庆古城	正式开放	接触性利用	不详
30	北京	小张家口堡	正式开放	接触性利用	不详
31	北京	柳沟城	正式开放	接触性利用	不详
32	北京	柳沟西墙体	非正式开放	接触性利用	不详
33	北京	大庄科长城	非正式开放	接触性利用	不详
34	北京	延庆世界地质公园自然保护区内	非正式开放	非接触性利用	不详
35	北京	白河堡段长城	非正式开放	接触性利用	不详
36	北京	东边堡	非正式开放	接触性利用	不详
37	北京	榆林堡	非正式开放	接触性利用	不详
38	北京	八达岭古长城	正式开放	接触性利用	2000 年

序号	省级行政区	场所名称	开放类型	利用类型	开放时间
39	北京	水关长城	正式开放	接触性利用	1995 年
40	北京	石峡堡	正式开放	接触性利用	不详
41	北京	岔道城	正式开放	接触性利用	2015 年
42	北京	长城脚下的公社	正式开放	接触性利用	不详
43	北京	八达岭长城景区	正式开放	接触性利用	1981 年
44	北京	周四沟城	正式开放	接触性利用	不详
45	北京	九眼楼长城自然风景区	非正式开放	接触性利用	不详
46	北京	黄崖关景区	正式开放	接触性利用	1985 年
47	天津	九龙山国家森林公园 – 梨木台自然风景区	正式开放	接触性利用	2003 年
48	天津	前干涧长城	正式开放	接触性利用	不详
49	天津	九顶山景区	正式开放	接触性利用	1994 年
50	天津	八仙山国际级自然保护区	非正式开放	非接触性利用	
51	天津	黄崖关景区	正式开放	接触性利用	1985 年
52	河北	金山岭长城风景区	正式开放	接触性利用	1985 年
53	河北	喜峰口段长城	非正式开放	接触性利用	不详
54	河北	大刀园景区	正式开放	非接触性利用	不详
55	河北	鹫峰山自然风景名胜区	正式开放	接触性利用	不详
56	河北	青山关风景名胜区	正式开放	接触性利用	不详
57	河北	白羊峪长城旅游区	正式开放	接触性利用	不详
58	河北	大境门	正式开放	接触性利用	长期
59	河北	张家口堡	正式开放	接触性利用	不详
60	河北	威远台	正式开放	接触性利用	不详
61	河北	宁远堡	正式开放	接触性利用	不详
62	河北	开阳堡	非正式开放	接触性利用	不详
63	河北	西洋河堡	正式开放	接触性利用	不详
64	河北	洗马林堡	正式开放	接触性利用	不详
65	河北	万全右卫城	正式开放	接触性利用	不详
66	河北	镇边城	正式开放	接触性利用	不详
67	河北	样边长城	正式开放	接触性利用	不详
68	河北	鸡鸣驿古城	正式开放	接触性利用	不详
69	河北	暖泉古镇	非正式开放	接触性利用	不详
70	河北	野狐岭要塞军事旅游区	非正式开放	接触性利用	不详

续表

序号	省级行政区	场所名称	开放类型	利用类型	开放时间
71	河北	崇礼县长城岭风景区	正式开放	非接触性利用	不详
72	河北	太舞滑雪小镇	非正式开放	非接触性利用	不详
73	河北	宣化古城	正式开放	接触性利用	不详
74	河北	桃林口景区	正式开放	非接触性利用	不详
75	河北	冰塘峪长城风情大峡谷风景区	非正式开放	非接触性利用	不详
76	河北	板厂峪风景名胜区	正式开放	接触性利用	不详
77	河北	山海关景区	正式开放	接触性利用	1985
78	河北	老龙头	正式开放	接触性利用	1985
79	河北	角山	正式开放	接触性利用	1985
80	河北	苍岩山风景名胜区	非正式开放	非接触性利用	不详
81	河北	阜平天生桥风景区	非正式开放	非接触性利用	不详
82	河北	涞源白石山国家地质公园	非正式开放	接触性利用	不详
83	河北	野三坡	非正式开放	接触性利用	不详
84	山西	固关	正式开放	接触性利用	1998 年
85	山西	娘子关	正式开放	接触性利用	1986 年
86	山西	荷叶坪 – 王家岔长城	非正式开放	非接触性利用	不详
87	山西	老牛湾景区	正式开放	接触性利用	2004 年
88	山西	老牛湾景区	非正式开放	非接触性利用	不详
89	山西	偏头关	正式开放	接触性利用	不详
90	山西	野猪口长城	规划开放	接触性利用	不详
91	山西	宁武关	正式开放	接触性利用	不详
92	山西	芦芽山北齐长城	正式开放	接触性利用	1998 年
93	山西	雁门关景区	正式开放	接触性利用	2009 年
94	山西	平型关堡	正式开放	接触性利用	不详
95	山西	平型关	非正式开放	接触性利用	不详
96	山西	竹帛口	正式开放	接触性利用	不详
97	山西	茨沟营	非正式开放	接触性利用	不详
98	山西	白草口长城宁武段	正式开放	接触性利用	不详
99	山西	旧广武城	非正式开放	接触性利用	不详
100	山西	新广武城	非正式开放	接触性利用	不详
101	山西	杀虎口景区	正式开放	接触性利用	2003 年
102	山西	花塔村民俗园	非正式开放	接触性利用	不详
103	山西	镇川堡	非正式开放	接触性利用	不详

序号	省级行政区	场所名称	开放类型	利用类型	开放时间
104	山西	得胜堡	正式开放	接触性利用	不详
105	山西	新平堡	正式开放	接触性利用	不详
106	山西	新平堡长城	正式开放	接触性利用	不详
107	山西	新平尔长城	非正式开放	接触性利用	不详
108	山西	大同长城旅游专线	非正式开放	区域开发	不详
109	内蒙古	秦长城旅游景区	正式开放	接触性利用	2014
110	内蒙古	内蒙古达来诺尔国家自然保护区	正式开放	非接触性利用	不详
111	内蒙古	呼和浩特市乌素图国家森林公园	正式开放	接触性利用	不详
112	内蒙古	清水河段	非正式开放	接触性利用	不详
113	辽宁	虎山长城景区	正式开放	接触性利用	不详
114	辽宁	赫甸城	非正式开放	接触性利用	不详
115	辽宁	医巫闾山风景名胜区	正式开放	接触性利用	不详
116	辽宁	兴城古城	正式开放	接触性利用	不详
117	辽宁	锥子山长城	非正式开放	接触性利用	不详
118	辽宁	九门口长城景区	正式开放	接触性利用	1988 年
119	黑龙江	金界壕遗址公园	正式开放	非接触性利用	2008
120	黑龙江	丰荣古城	非正式开放	接触性利用	不详
121	黑龙江	旧边八队界壕	非正式开放	接触性利用	不详
122	黑龙江	麒麟四队金界壕	非正式开放	接触性利用	不详
123	黑龙江	新功五队堡	非正式开放	接触性利用	不详
124	黑龙江	欢喜村金界壕及关堡	非正式开放	接触性利用	不详
125	黑龙江	三道关牡丹江边墙	非正式开放	接触性利用	不详
126	黑龙江	镜泊湖牡丹江边墙、城墙砬子山城、重唇河山城	正式开放	接触性利用	2003
127	山东	齐长城起点	非正式开放	非接触性利用	不详
128	山东	大峰山省级森林公园	正式开放	非接触性利用	不详
129	山东	药乡国家森林公园	正式开放	非接触性利用	不详
130	山东	七星台景区	正式开放	非接触性利用	不详
131	山东	翦云山旅游度假风景区	正式开放	接触性利用	2009
132	山东	泰山风景区	正式开放	非接触性利用	不详
133	山东	长城岭省级地质公园	正式开放	接触性利用	不详
134	山东	沂山国家森林公园	正式开放	非接触性利用	不详
135	山东	五龙山国家森林公园	正式开放	非接触性利用	2001

序号	省级行政区	场所名称	开放类型	利用类型	开放时间
136	山东	城顶山长城	非正式开放	接触性利用	不详
137	山东	锦阳关	非正式开放	非接触性利用	不详
138	山东	东门关	非正式开放	接触性利用	不详
139	山东	原山国家森林公园	正式开放	非接触性利用	2000
140	山东	风门道关及长城 APP 小镇	正式开放	接触性利用	不详
141	河南	七峰山景区	正式开放	非接触性利用	不详
142	陕西	榆林卫城	正式开放	接触性利用	不详
143	陕西	镇北台	正式开放	接触性利用	1981
144	陕西	高家堡	正式开放	接触性利用	不详
145	陕西	波罗堡	正式开放	接触性利用	不详
146	陕西	建安堡	正式开放	接触性利用	不详
147	甘肃	嘉峪关关城景区	正式开放	接触性利用	1985
148	甘肃	嘉峪关悬壁长城景区	正式开放	接触性利用	2005
149	甘肃	嘉峪关长城第一墩景区	正式开放	非接触性利用	2003
150	甘肃	安西极地荒漠国家自然保护区（实验区）	正式开放	非接触性利用	不详
151	甘肃	桥湾城景区	正式开放	接触性利用	1994
152	甘肃	玉门关	正式开放	接触性利用	1980
153	甘肃	河仓城	正式开放	非接触性利用	1980
154	宁夏	水洞沟景区	正式开放	接触性利用	2006
155	宁夏	横城堡	正式开放	接触性利用	2007
156	宁夏	镇北堡西部影视城	正式开放	接触性利用	1993
157	宁夏	三关口、汽车营地	非正式开放	接触性利用	
158	宁夏	盐池古长城遗址公园	正式开放	接触性利用	不详
159	宁夏	盐池县长城遗址公园（待考察）	正式开放	非接触性利用	不详
160	宁夏	北岔口	非正式开放	接触性利用	不详
161	宁夏	大漠边关景区	正式开放	接触性利用	不详
162	新疆	克孜尔尕哈景区	正式开放	接触性利用	2002

附件 5　长城保护联盟章程

长城是我国首批列入《世界遗产名录》的文化遗产，也是我国现存体量最大、分布范围最广的文化遗产。保护长城是全社会的共同责任，也是我们共同的事业和责任。长城保护联盟由中国文化遗产研究院、中国文物保护基金会、腾讯公益慈善基金会、北京市延庆区八达岭特区办事处、十三陵特区办事处、北京市慕田峪长城旅游服务有限公司、天津黄崖关长城风景名胜区管理局、山海关区文物局、金山岭长城文物管理处、嘉峪关丝路（长城）文化研究院等十家单位共同发起，邀约长城保护管理机构、旅游景区、专业研究机构、企事业单位和社会团体共同组建。

为全面加强各成员单位的协调与合作，推动各项工作持续开展，制订和签署本章程。

第一章　性质与宗旨

第一条　长城保护联盟，英文名称"The Great Wall Protection Alliance"，英文缩写"GWPA"。

第二条　本联盟由成员自愿组成，是一个非法人性质的联盟组织。联盟成员之间彼此尊重、平等、诚信、合作。

第三条　长城保护联盟旨在团结全国长城保护管理机构、科研院所、专业团队以及关心、热爱长城，致力于保护长城的社会力量，通过长期、开放式的交流与合作，凝聚共识，提高水平，促进长城保护利用工作合理有序开展，发挥长城在开展爱国主义教育、弘扬中华优秀传统文化中的独特作用。

第二章　机构与形式

第四条　联盟指导单位为国家文物局。

第五条　联盟实行联席会议制度。联席会议根据工作需要定期举行，围绕长城保护、研究、利用、宣传等开展交流研讨。在中国文化遗产研究院设立秘书处，承担日常工作。

第六条　联盟遵循开放、动态原则，自愿申请加入或退出。凡是符合条件、有志于长城保护，并愿意遵守本章程的单位或机构，都可以向秘书处提出申请，经联席会议审议通过，即可成为联盟成员。

第七条　联盟建立专家咨询制度，广泛吸纳遗产保护、考古、建筑、历史、测绘、规划、旅游、法律等领域的专家学者，为长城保护、管理、研究、宣传、阐释、利用等提供咨询和技术支持。

第三章　权利与义务

第八条　联盟成员应当在符合国家和地方的法律、法规、规章、行政规范性文件的前提下，遵守联盟章程要求，积极参与联盟各项学术、交流活动。

　　第九条　倡导联盟成员间加强互动，协同合作，应轮流开展多层面的交流合作，定期或不定期组织开展各种形式的交流学习和培训，同时丰富合作方式，在保护、研究、展览、文创、旅游等方面增进合作，推动长城保护利用工作共同进步。

　　第十条　利用现代互联网技术，推动长城保护与利用智慧化管理，促进长城监测、展示利用、旅游开发、文创产品等系列工作。

　　第十一条　推动长城标志和展示标识系统建设工作，并优先在联盟成员之间推广。

　　第十二条　积极支持社会力量进入长城保护领域，充分发挥长城保护志愿者和志愿者组织的重要作用，鼓励公益基金会募集社会资金，投入长城保护修缮和展示利用。

　　第十三条　本章程自各联盟成员法定代表人或授权代表人签字之日起生效。

英文提要 Summery

China's Great Wall Protection Report 2017 – 2018

In 2016, at the tenth anniversary of the implementation of the Great Wall Protection Regulation, the then State Administration for Cultural Heritage (SACH) published the first Great Wall Protection Report. TheChinese Academy of Cultural Heritage (CACH) has continued the process of reviewing work on the protection of the Great Wall and has now reported on work done in the years 2017 and 2018. This paper, based on that report, now summarises the latest achievements in relation to the Great Wall in archaeology and research, regulation and management, project management and preventive conservation, public access and engagement, and in integration with cultural tourism.

1. Archaeology and research

Archaeological Survey and Excavation of the Great Wall

In recent years, the importance of archaeology in research and protection of the Great Wall has begun to receive more attention. In 2017 and 2018, 4 Great Wall archaeological excavations were carried out across the country, mainly in conjunction with conservation and development projects, to formulate scientific conservation and protection plans. These excavations include Beacon Towers No. 1 to No. 6 and the Wall north of Chadao Fort at: Yanqing, Beijing; Defence Tower No. 4 and adjacent walls at Xifengkou on the West Panjiakou Section of the Wall in Hebei Province; South Yan State Great Wall Site at the East Section of the Jinshi Expressway, Wangcun Town, Dacheng County, in Hebei Province; and the Wuzhuang Section Wall in the southwest suburb of Guyuan in Ningxia Autonomous Region.

In addition, NCHA has strengthened the requirement for archaeological work as part of the preliminary survey and design stages of conservation projects on the Great Wall. Archaeologically – led site clearance work has also been carried out for some conservation projects. For instance, in 2018, components of buildings, weaponry and artefacts from soldiers' daily lives were found in large quantity in the archaeologically led site clearance work during conservation work at Jiankou funded by the China Foundation for Cultural Heritage Conservation (CFCHC). These finds provide important physical data for research on architectural techniques, military history and the living conditions of soldiers in the Ming Dynasty.

Resesarch on the archaeology and the current management of the Great Wall

From 2017 to 2018, with the publication ofmore Great Wall Resources Survey Reports and archaeological excavations, research on the Great Wall also advanced. In addition to the significant role played by the Chinese Academy of Cultural Heritage (CACH), professional heritage institutions and research teams in universities, the newly established of the Inner Mongolia Great Wall Conservation Centre, the Jiayuguan Silk Road Culture Research Institute (Great Wall) and the Great Wall Alliance have improved research capability. According to the partial statistics available, with the joint efforts from various institutes and researchers, recent studies on the Great Wall include 5 Great Wall Survey reports, 6 academic publications, 7 promotional and educational books on the heritage of the Great Wall and its culture, and more than 150 related research papers have been published.

Generallyspeaking, archaeological and research work on the Great Wall is still very weak and fragmented, and more systematic and sustained work is required to address these deficiencies.

2. Regulation and management

In 2017 and 2018, moreefforts were made in capacity building and in improving regulations concerning the Great Wall. Innovations in, and exploration of, effective working mechanisms based on local practice have emerged along the Wall. At the same time, training and funding have also been strengthened.

Development of the Great Wall legal system

In 2017 and 2018, 7 Great Wall – related laws and regulations were promulgated, mostly in Beijing, Hebei, Gansu and Inner Mongolia. Five of them were newly published laws; one was an amendment and the other was an upgrading of an existing regulation. By the end of 2018, there were 28 special laws and regulatory documents referring to the Great Wall at different administrative levels.

Designation of Protected Units of Cultural Relics

In 2017 and 2018, Shaanxi, Liaoning, Xinjiang and three other provinces and autonomous regions announced additional batches of Protected Units of Cultural Relics (PUCRs) at provincial level. By the end of 2018, 10out of 15 provincial – level administrations including Hebei, Shanxi, Inner Mongolia, Heilongjiang, Shandong, Henan, Gansu, Qinghai, Ningxia, and Shaanxi, had designated all of their verified Great Wall resources as PUCRs at or above the provincial level as required by the Great Wall Protection Regulation.

Enforcement and supervision

In 2017, in response to the problems found in the previous year's inspection of law enforcementinspection on the Great Wall, SACH organised a special review of how policies of the previous inspection were being implemented and how the problems it identified were being addressed. The inspection focused on how government authorities performed their responsibilities for protection of the Wall and whether all verified Great Wall resources were designated as PUCRs as required. It also examined how well the four legal prerequisites for designated PUCRs ('the Four Haves') were fulfilled. These require each site to have: demarcated boundaries; an official plaque stating its name, its level and date of designation; an archive cataloguing its protected elements and activities; and a dedicated organisation or person (s) responsible for its daily management. In addition the inspection also reviewed whether authorities have established mechanisms for law enforcement and for the investigation and prosecution of cultural relics – related crimes involving the Great Wall.

The *Special Rectification Action against Legal Entity Law – breaking Cases Involving Cultural Relics* (2016 *to* 2018) launched by SACH also targeted cases that damaged the fabric of the Wall and its historic features. A number of major cases of damage to the Great Wall were investigated and perpetrators prosecuted.

Planning of Great Wall Protection

At the end of 2018, the Great Wall Protection Master Plan was completed. With the consent of China's State Council, the Ministry of Culture and Tourism and NCHA officially publishedit on 22nd January 2019. The Master Plan sets out important guidelines, which will serve as common goals for all stakeholders, for protection and conservation of the Great Wall, and for the enhancement of the benefits to society which the Great Wall provides. In parallel with this, provincial Great Wall protection planning has also been pushed forward at a faster pace. So far, preliminary drafts for 15 out of 19 provincial level plans have been completed. These plans will now be finallised and integrated with the new Master Plan.

The 'Four Haves'

In 2017 and 2018, five provincial level administrations published their demarcated boundaries for the protection and development control areas surrounding the Great Wall. Nine administrations put upmore protection plaques and the Provinces of Jilin, Henan, Shaanxi, Qinghai and Xinjiang Autonomous Region have established and improved their archives to cover all Great Wall resources in each region. Furthermore, Inner Mongolia Autonomous Region, and Liaoning and Gansu Provinces have strengthened protection by the creation of four specialised agencies or institutes to manage and protect the Great Wall.

Training on protection management

From 2017 to 2018, Cultural Relics Departments at all levels strengthened training in the protection of the Great Wall. The training covers general conservation and protection topics as well as more technical subjects such as conservation techniques and technologies, the Four Haves and law enforcement. Most of the participants were people who worked as the front - line protectors of the Great Wall. Some of them were staff fromprofessional heritage institutions, and some were Great Wall Patrollers. Lectures were given by experts, as well as field seminars, with targeted subjects, during which guidance on regulations and work equipment were issued to participants, all of which aimed to make the training provided more practical and relevant for the participants. In the same period NCHA organised the second - and third - phase national training courses on the protection and management of the Great Wall and Inner Mongolia, Tianjin and Hebei organised training sessions at provincial levels.

3. Conservation project management and pilot projects for preventive conservation

Five guiding principles for conservation have been gradually established during the implementation of conservation projects on the Great Wall. As stipulated clearly in the Great Wall Protection Master Plan, these principles are:

- no change to the historical fabric;
- minimum intervention;
- preventive conservation projects should be prioritised;
- protection according to the classification of heritage resources;
- protection according to the current state of conservation (MCT, NCHA, 2019).

Management of protection projects

NCHA strengthened the regulatory processes for approving proposals for repair and conservation of sections of the Wall that are classified as PUCRs at state level. In 2017 and 2018, the number of applications for approval of Great Wall conservation and repair projects increased, but the approval rate dropped significantly. During this period, 31 projects proposals have been approved, with distinct differences in the numbers from different regions along the Great Wall.

In 2017 and 2018, 36 Great Wall conservation project designs were approved by NCHA. Compared with the period between 2014 to 2016, stricter assessments were undertaken with emphasis on the design's provision for prior archaeological survey, and damage investigation and analysis to ensure that the minimum intervention principle would be upheld.

Preventive conservation

In recent years, the focus of Great Wall protection work has gradually shifted from restoration to adopting a series of management measures to strengthen proactive conservation. Aimed at preventing damage and slowing deterioration of the Wall structure, these measures have achieved positive results.

Before the flood season in 2018, under the directionof NCHA, provinces, autonomous regions and direct municipalities along the Great Wall carried out a thorough screening of potential structural risks and implemented pre – emptive temporary reinforcement measures. The daily maintenance of the Wall has also received increasing attention. Some places have begun to explore and change policies to promote the transition to preventive conservation. For instance, based on lessons learnt from past experience, Hebei Province has in recent years consciously included maintenance work into their funding programme in addition to major stabilisation and conservation projects.

From 2017 to 2018, cultural relics departments and research institutions at all levelsexplored various methodologies to improve monitoring of the Great Wall. These included: establishing monitoring and early warning platforms; using drones, portable mobile devices and installing front – end monitoring equipment to gather data; comparing satellite images; and developing mobile phone apps. These practices provided valuable experience to inform subsequent future systematic monitoring of the Great Wall.

Compiling technical regulations for the implementation of repair projects

To improve the standards of conservation and repair projects andadvance theoretical and practical understanding of conservation of the Great Wall, NCHA commissioned specialised institutions to compile technical regulations on specific subjects. These included *Technical Regulations for the Implementation of the Great Wall Conservation* and *Guidelines for the Conservation of Brick and Stone Walls*, each in accordance with *The Guidelines of the Great Wall Conservation Project issued by SACH in* 2014.

4. Co – creation of shared values and integration with cultural tourism

In 2017 and 2018, a series of major policies and reforms related to the Great Wall were launched which aimed to promote cooperation between government and society to facilitate the integration of culture and tourism so that they can together protect the Great Wall, promote its culture and communicate the value of the Great Wall to larger audiences and contribute to the development of its surrounding communities.

Recent developments in the opening up of the Great Wall for tourism

In 2018, China's government agencies were restructured. The former National Tourism Administration and the Ministry of Culture were merged to form the Ministry of Culture and Tourism. This has led to a surge of new policies across the country on accelerating the integration of culture and tourism. This has marked a new era in the development of cultural tourism. With this general momentum, greater public access to the Great Wall has ushered in new opportunities.

New developments in Great Wall tourism

Public access is extending more widely and cultural tourism is becoming more diversified along the Great Wall. The traditional tourism model was dominated by individual scenic spots. There is now a process of integration that tries to link up individual sites and promote regional, and even cross – regional, co – operation. In 2017 and 2018, such new initiatives as the Great Wall National Cultural Park (General Office of the CCP, 2017) and the Great Wall Cultural Belt (People's Government of Beijing Municipality, 2017) were launched, together with other holistic tourist destination development strategies involving the Great Wall in the regions. The Great Wall has become the focus of greater attention in these contexts, as a multi – faceted resource rather than simply a historic site, and as an potential exemplar of sustainability between regional development and heritage conservation, and as a flagship of cultural and tourism integration in heritage management. Consequently, this also poses new demands on the existing management of the Great Wall.

Developing public awareness

Throughout this period, government agencies at all levels and cultural heritage conservation institutions carried out a series of public awareness raising and education activities. These included celebrating Cultural Heritage Day with the Great Wall as a special theme, giving public lectures on campuses, organising cultural festivals, and holding thematic exhibitions as well as delivering lectures on the basic laws and regulations related to the protection of the Wall.

Social engagement

A wide range of organisations have participated in activities contributing to the protection of the Great Wall and these activities have been more focused, and better organised and planned than in previous years. A cross – regional, multi – industry, multi – level organisation for the coordination of the protection and the enhancement of the benefit to society of the Great Wall has also been established. In 2018, the Great Wall Alliance was initiated by CACH, the CFCHC, the Tencent Charity Foundation and other institutions. The Great Wall Alliance, pools resources from 41 research and professional institutes, Great Wall management agencies, major scenic areas, private enterprises, government institutions as well as social groups. Its purpose is to enhance protection of the Wall; to share knowledge and understanding of the monument; to share experience of its conservation and of enhancing its benefits to society; and to promote its cultural recognition and development of high quality tourist experiences.

International dialogue on the protection and management of the Great Wall

In December 2017, CACH and Historic England signed the Collaboration Agreement for Hadrian's Wall and the Great Wall of China. In March 2018, hosted by Newcastle University and organised by CACH and Historic England, the first 'Wall to Wall: The Great Wall of China and Hadrian's Wall Management Seminar' was held, during which participants on both sides exchanged ideas on a broad range of issues and discussed opportunities for cooperation.

In March 2017, the Jiayuguan Great Wall and Petra in Jordan agreed to become sister cultural World Heritage Sites and signed a cooperation agreement.

5. Conclusion

Looking back on 2017 and 2018, great achievements have been made in the protection and management of the Great Wall. Yet at the same time, there were also many issues to be addressed. For example, archaeological research is still insufficient to inform either the conservation of the Great Wall or understanding and promotion of its value. Fundamental capacity building in Great Wall conservation needs to be strengthened further. Conservation interventions need to be followed – up to evaluate their effectiveness in a more scientific and systematic way. The daily maintenance of the Great Wall should be more prioritised in terms of resource allocation. In addition, there is a need to face the new developments in public access and tourism development in a more responsive and open – minded way. The principles for landscape and ecological protection of the Wall also still need to be translated into feasible policies.

As stipulated by the Great Wall Protection Master Plan, major efforts should be made to reinforce the Wall's administrative systems, maintenance and conservation practices, public engagement and educational initiatives, public access provisions, and further thematic studies should be undertaken. Together these will help realise the ultimate goals of passing on the Great Wall's spiritual legacy, the promotion and enhancement of the culture of the Great Wall, the protection of the Great Wall's architectural heritage, and sustaining the cultural landscape of the Great Wall.

后 记

本报告为 2019 年度中国文化遗产研究院（以下简称"我院"）专项业务费项目"中国长城保护发展年度报告（2019－2021）"课题成果之一。课题组成员以我院文物研究所人员为主，其中长城开放利用部分委托中山大学旅游管理学院张朝枝教授团队。

报告简版已经在 2019 年 11 月由中国文化遗产研究院、英格兰遗产委员会、长城保护联盟联合主办的"第二届双墙对话研讨会暨长城保护联盟第二届年会"上发布，后在期刊《中国文化遗产》2020年第 2 期以《中国长城报告（2017－2018）》为题发表论文。本报告补充大量数据和案例，内容和体例都更加丰盈，由于疫情影响，报告编写工作有所延迟。特此说明。

本报告由我院文物研究所以及中山大学旅游管理学院集体完成。文物研究所于冰研究馆员指导和参与了报告编写框架和技术路线设计，并执笔前言和第六章综述与总结。其余章节的内容和撰写分工如下：第一章长城考古与价值研究，由冯双元执笔；第二章长城管理体制与法治建设，由许慧君执笔；第三章长城保护工程项目管理与预防性保护监测试点，由刘文艳执笔；第四章长城开放利用，由张朝枝、陈晨、周小凤、曹静茵、蒋钦宇、潘彦宏等执笔；第五章长城价值传播与社会参与，由刘爱河执笔（国际合作部分由刘文艳执笔）。报告全文由于冰、许慧君完成统稿。许慧君组织专家评审和联系出版等相关事宜。

本报告在编写过程中得到了国家文物局、中国文化遗产研究院的支持，长城沿线各级文物保护行政管理机构和业务部门为报告课题组的调研工作予以了大力协助。同时，还得到了很多专家的指导，特别是吴加安研究员、乔梁研究馆员，对本报告进行了评审，并提出诸多有益的意见。本报告中的数据，主要来源于课题组独立收集，也有部分数据由内蒙古长城保护工作中心，长城小站等相关业务机构以及社团组织提供，国信司南（北京）地理信息技术有限公司协助进行了长城舆情收集工作，我院中国世界文化遗产中心提供了长城世界遗产地监测报告资料。侯珂、兰立志、刘智敏、梁建宏、娄建权、吕彦斌、尚珩、于侠等专家为本报告提供了重要案例和珍贵资料。在此一并表示感谢，同时向长期支持、参与长城保护的各方团体及个人致敬。

　　报告即将出版，我们深知还有很多不足，期待大家对本报告可能存在的误处予以指正，以便我们更好地前进。

中国文化遗产研究院

2021 年 2 月